右にならうな

人生の主人公は君だ！——「成幸」の哲学

大園 巧
〈ホスタク〉

美容経済新聞社

Prologue

はじめに

―現状に満足していない俺を含むすべての君たちへ―

2009年（平成21年）冬、世の大人どもが、やれ政権交代だ、自民党の終わりだ、と浮かれ騒ぐなか、俺はひたすら九州縦貫自動車道をぶっ飛ばしていた。

目指すは東京だ――。走れ、走れ、俺のワゴンR！

数時間前、これから地元を出ようとする俺を囲んで泣いてくれた枕崎の〝妹〟たち、〝弟〟たちの姿が、くりかえし瞼に浮かんでくる。また泣いてしまいそうになるのをこらえ、カーオーディオの再生ボタンに指を伸ばす。流れてくる曲は、もう何千回聴いたかわからない長渕剛の『東京』だ。

都会の暮らしに憧れて
君は出て来たんだね
親や友達に 励まされて
東京に着くんだね

人の歩くその早さや
人の多さに驚かされて

ぶつかる肩にも そ知らぬ都会に
きっと慣れていくんだね

変わる 変わる
君の目の前が 恐ろしい早さで
変わるな 変わるな
君のその真っすぐな瞳だけは

東京に来るのに 眠れないほど
あたふた あたふた 悩んだんだろ?
親父やおふくろの 反対を押し切り
あたふた あたふた 悩んだんだろう?

(JASRAC出2308803−301)

まるで俺のことを歌った曲だった。親父のつてで入った建築会社。生まれ育った枕崎市田布川町を出て鹿児島市で始めた一人暮らしは楽しかったけど、先輩たちに可愛がられながらも、俺の東京に行きたい気持ちはふくらむいっぽうだった。

親父やおふくろの気持ちを想い、悩んだ。もし俺が、天文館通りでキャバ嬢相手にふんぞり返って酒を飲んで満足できる人間だったなら東京に出ることもなく、親父もおふくろも寂しい思いをせずに済んだだろう。鹿児島市からたまに実家に帰り、一緒に飯を食ったりなんかして、そのうち嫁さんができ孫ができて、そうしたらきっと今頃は、「巧もすっかり落ち着いたねぇ」なんて言いながら、小さな幸せを味わわせてあげられていただろう。

でも、ごめん親父、おふくろ。俺は鹿児島に収まる器じゃなかったみたいだ

――。

＊

あらためてはじめまして。大園巧です。南青山に本社のある美容系企業「NINE JAPAN」でCEOを務めさせてもらってます。

今から14年前、俺は二十歳で上京してきました。車で24時間かけて。普通は飛行機で2時間足らずで来ますよね。でも、そのときの俺はなぜか車だった。今思えば、人の力を借りて東京に行くんじゃなくて、自力で東京に行きたい！という思いの表れだったのかもしれない。とにかく東京に行きたかった。九州の田舎で終わりたくなかった。そのために準備も何もなく、ただ覚悟だけを決めて鹿児島を飛び出しました。

所持金はたったの4万円。しかもこの4万円は、手紙と一緒に挟まっていた餞別のお金。計画的に貯めた資金なんてなかったけど、そんな不安より、東京に出るぞ！っていう想いの方が断然強かった。自分の財布はほとんどすっからかんでした。あのときは1000円のETCカードで高速道路が乗り放題で、4万あれば楽勝！と思っていたら、着くまでのガソリン代で全部消えて。おまけに、先に送っていた荷物の到着日の指定を間違えていて、上京して最初の夜は段ボールを床に敷いて寝ました。

俺の東京での生活はそんなドン底からのスタートでした。でも、そんなドン底と思われる状況でも、これからの東京での生活を思うと、わくわくが止まらなかった。

この本は、俺がまだただの田舎のろくでもない少年だった時代から、東京に憧れ、親の反対を押し切って上京し、東京で何を経験し、どう這い上がってきたかを語る自伝です。

俺はこれまでの人生でどんな人たちと出会い、どんな影響を受けてきたのか。何を志して起業し、どんな経営を貫いて、NINE JAPANを育て上げてきたのか。これからの未来は何を目指すのか。

俺はこの本で、仲間である社員たちやお客様への想いを、言葉にして届けたい。

そして、この思いを現状に満足してない君たちに届けたい。

まだまだ現状に満足できないでいる自分自身に対しても、「そのまま行け！走り続けろ！」と発破をかけたい。

そして何より、世間の常識やら大人の勝手やらに抑えつけられて知らないうちに縮こまって生きている人たちの心に火を点けたい。そうだ、今この本を手に取ってくれている君たちのことだよ。

「諦めなければ必ず理想の自分になれる」ということと、

「湧き上がる感情のまま動く勇気」を、
子どもの頃のように俺は君たちに、思い出させたいんだ。

＊

カーオーディオからは『東京』がリピートで流れている。あの日から俺の胸にずっと流れ続けている。「変わるな 変わるな お前のその真っ直ぐな瞳だけは」。

さあ、最後のインターが見えてきた。あそこから降りるぞ。

俺の人生の旅の、始まりだ。

目次

Contents

Prologue

はじめに　―現状に満足していない俺を含むすべての君たちへ―　2

Hometown

第1章　枕崎の少年　―「電車で行ける南の最果て」の地で―　21
1　「喧嘩上等！」と「目指せ甲子園」　22
2　野球が人生を救ってくれた　24
3　器のデカい親父と、肝の据わったおかん　29
4　修学旅行禁止令　33
5　塾を一日で退学になった　37

6 出られなかった高校一年夏の大会 40
7 自宅と校内で謹慎計3ヶ月 43
8 教師たちを逆に説教した親父 48
9 小学校の先生のこと 53
トピック 1 56

Gravity

第2章 土地の引力 ―鹿児島の限界と「さよなら」とのはざまで―

59
1 上京の準備期間としての鹿児島市時代 60
南九州最大の都市・鹿児島市 60
2 初めての社会人 63
職場の工場長 65
言い訳のパターン 69
遅刻はした。でも一回も飛ばなかった 71
鹿児島市時代に学んだ二つのこと 73

3 鹿児島の限界と東京への想い 76
未完の夢を語り続ける地・鹿児島 76
鹿児島の限界を悟ってしまった 78
「俺は鹿児島を捨てる」 81
最後まで東京行きを認めなかった親父 82
30人に号泣されながら出発 87
トピック 2 92

Tokyo

第3章 東京にて ──自分で拓く人生との出会い── 95
1 アパレル店員時代 96
本当はあのとき恐怖を感じていた 96
雑誌を見て電話をかけた先のアパレルに就職 100
給料は超ブラック。でも毎日めちゃ愉しかった 104
初出勤の日、店に入るのに30分かかった 106
始まりの地・第二ふりゅう荘 109

「帰ってきたらあかん」と言ったおかん 110
1年半勤めた店を去る 112

2 営業職時代 114

後潟と鹿児島出身の上京組「気張らん会」 114
TさんとDさん 117
〈ターニングポイント1、昼職への道が拓けた六本木の夜〉 122
予感 122

E社時代 129

Nさんという人 129
〈ターニングポイント2、「こいつらよりいい会社を作る」と決めた札幌の夜〉 132
Dさんの豹変 132
1時間泣き続けた夜、独立を誓った 138
E社での日々 141
E社を退職 144

A社時代 150

Dさんの会社に入社 150
6ヶ月目までにもし契約がとれなかったら 153

革命の狼煙　154
ポジションに入るということ　159
怒涛の売上　161
去り際の美学、別れ際の美学　164
A社を退職　168
ひねくれた愛情　175
◆コラム／〝ゼロイチを起こす〟とは　177
トピック3　186
トピック4　188

Establish
第4章 NINE建国 ―事業にかける想い―

第4章 NINE建国 ―事業にかける想い―　191
1 一人の同学年との出会い　192
2 人の美しさをサポートするビジネスへの想いと「後潟を誘う」と決めたとき　194
3 女性が輝く時代　198

4 もう一人のパートナーとの出会い 203
5 右にならうな！ 206
6 青木をヘッドハンティング 210
7 仕事の刑務所に入る 214
8 価値観とお金と成功の話 218
9 ＮＩＮＥの経営理念の一つ「成幸」について 223
10 素直な姿勢こそが、未知なる自分の世界を教えてくれる 227
11 非常識こそ常識 231
12 「楽しい」と「愉しく」の違い 233
13 ＮＩＮＥの経営理念のもう一つ「人の美しさには無限の可能性がある」をめぐって 235
14 店舗オープンの日に9を選んでいる理由 238
15 会社のカンバンは全員で創るもの 241
16 経営理念は永劫不変。経営方針は変幻自在 244
17 目的と目標の違いについて 247

18 業務用エステ機器「NR機器」の直販にこだわる理由 ―― 251
19 NINEを日本でフランチャイズにしないのはなぜか ―― 255
20 コロナで営業停止期間中、解約が一件もなかった ―― 261
21 価格競争は無視。価値競争は本気だ ―― 263
22 NINE JAPANを世界へ！ ―NINEの近未来― ―― 266
◆コラム／質、量、スピード ―― 271
トピック 5 ―― 274

Emotion

第5章 すべてを貫くもの ―仲間と親への想い― ―― 277

1 本書の大テーマその1、「感情のままに動く」 ―― 278
感情のままに動くんだ！右にならうな！ ―― 278
信頼は本気で向き合うことからしか生まれない ―― 282
総務省を動かした孫さんの本気度 ―― 285

2
本書の大テーマその2、「モチベーションの源は親孝行だった！」—— 288
尼崎の都会から超ド田舎に嫁いできたおかん —— 288
二人の祖父ちゃんからの学び —— 291
一生感謝し続ける —— 294
親父へ。俺に人生の指針をくれてありがとう —— 296

3
本書の大テーマその3、「同志と呼べる仲間とともに、一生挑戦を続けたい」—— 301
大切な人のためなら —— 301
お前の人生の主人公はお前だ —— 304
みんな挑戦を続けながら生きている —— 306
特に若い子たちに伝えたい俺からのメッセージ —— 309
仲間より〝同志〟が欲しい —— 312
緊急事態宣言中にサロンスタッフを送り迎えした —— 315
本気でお客様のことを大切に思うなら —— 318
言葉を共通させたい理由 —— 321
NINEを卒業していく仲間には —— 323
トピック 6 —— 326

Epilogue

おわりに　―もう一度立ち上がりたくなったすべての君たちへ―　328
大園 巧をもっとよく知るための巻末索引〈巧 語録集〉　339

Hometown

1

第1章／枕崎の少年

―「電車で行ける南の最果て」の地で―

1

「喧嘩上等!」と「目指せ甲子園」

鹿児島県枕崎市金山町。俺の旅はここから始まった。

枕崎といえば、「ああ、あの有名な港町の……」と、それなりに栄えた港をイメージする人も多いのかな。

けど、俺が生まれ育った金山町はその枕崎から車で15分離れた内陸のド田舎だ。

今も両親はそこにいる。家のまわりは全部田んぼ。昔は金鉱で金が採れて薩摩藩の財政を大いに支えたらしいが、今はなにもない、ただの田舎町。そもそも枕崎市が「電車で行ける日本本土の南の果て」で、Ｇｏｏｇｌｅマップで見るとJR指宿枕崎線が枕崎駅で止まっているほど田舎だ。そこから更に車で15分だから、金山町がどれだけ超田舎か、わかってもらえるだろう。

小学校は枕崎市立金山小学校。俺の時代ですでに一年生から六年生まで合わせて全校生徒は27人ほどしかいなかったはずだ。1学年3人とか5人とかだ。生徒が少なすぎて三年生と四年生を一緒に教えたりするのを複式学級というが、俺はそれで習った。その金山小学校も、10年前ぐらいに閉校になった。

中学校は枕崎市立桜山中学校。俺らの時代は素行が悪かった中学だ。俺は自転車で片道30分くらいかけてそこに通学していた。通学といっても、学校は野球部だったから行くだけで、勉強のために通った記憶はまったくない。

高校は県立潁娃高校に入った。本当は野球推薦で県立枕崎高校に行くはずだったが、生活査定が悪すぎて、全体で40人定員割れしていたにもかかわらず、俺だけ落とされた。

野球で声がかかったのに別の理由で合格できず、ましてや40人定員割れでも不合格の生徒は、後にも先にも俺だけだったらしい。そのときは、俺の三年生のときの机が記念？記録？のために、しばらく屋上に飾られていたそうだ。中学の後輩がそう言っていた。
その机に俺は二つの文字を彫っていた。「喧嘩上等！」と「目指せ甲子園」だ。
今思えば、相反する二つの文字だよな。不良なのか真面目なのか。
でも、俺みたいなやつは、なんとなく気持ちはわかってくれるだろ。
俺の人生の初期において、野球とはそれくらい特別なものだったんだ。

2

野球が人生を救ってくれた

野球は2歳から始めた。親父が少年野球の監督をやっていたから自然な流れだった。

小学二年のときには俺は親父にキャッチャーをさせられ、いっちょまえにキャッチャーマスクをかぶって兄貴たちの投げる球を受けていた。レガースなんてぶかぶかだ。胸当てが顔まで来るくらいだったけど、試合になっていた。俺らの学校は人数が少なかったから、一年生から六年生までで10人ほどしかいなかったため、一年生もレギュラーとして出場しないといけなかった。それでも、六年生チーム相手に対等に戦えるくらい親父の指導力はすごかった。俺が六年生のときには、地区対抗で優勝、県大会にも出場したほど強いチームだった。俺より野球が上手い小学生は未だ見たことがないと親父は今も言っている。それくらい俺は野球が上手かったんだ。

親父も子供のころは高校球児で頴娃高校の選手で、地元では有名だった。俺を野球と繋げたものも結局は血だったと思う。俺自身は今はもう野球に携わっていないが、兄貴は鹿児島で続けているし、親父は少年野球の監督を今なお何十年もやっている。ちなみに兄貴も頴娃高校野球部出身だ。親子そろって俺たちは野球バカというわけだ。

もし俺に野球がなかったら?子供のころ野球に出会わなかったら?

——今の俺はなかったと思う。自分で言うのもなんだが野球が上手すぎた。

それに救われた事はいくつもあった。

野球に救われた印象的な出来事は、額娃高校に入ってすぐだった。

俺は入学当初から一年生のなかでただ一人、二年生と三年生にまじって夜練習にも参加していた。通称〝夜練〟だ。他の一年生は、田舎で公共交通の便が少ないから遅くまで練習させるわけにいかなくて、5時半には帰宅していた。俺だけが、当時の監督が夏の大会から俺をレギュラーにするつもりで俺のおかんに車で俺を送り迎えさせていたから、夜練に参加できた。

そもそも野球推薦で落ちた俺を拾ってくれたのも、今では甲子園にも行った有名な塗木哲哉監督だった。

「大園巧、枕崎高校不合格」という情報を聞いた塗木監督がわざわざ俺の家まで来て、

「うちに来い。額娃高校に入れ。作文だけ書いて出せばあとはこっちで何とかする」

と言ってくれて、顯娃高校に入ることができたのだ。

ちなみに言うと、中学の大会で一緒だった他校のやつらも、野球が強いやつはみんな素行は悪く見られがちだった。そんなやつこそ大体エースで4番。もちろん俺も桜山中学でエースで4番だ。

俺が枕崎高校に推薦で入れそうになったときは他校のみんなが、

「巧が行く高校に俺も行くぜ」

と言ってくれた。実際、試験も一緒に受けた。

その結果、俺だけ落とされたのは、学校としては多分、定員割れを放置してでも俺を他のやつらから切り離したかったんじゃないか。野球も喧嘩も常に首班だったから、俺さえ一人にすれば治安が収まると思ったんだろう。結果、俺はそいつらと違う高校に行ったというわけだ。

とにかくそうやって二次試験を別日で受けて顯娃高校に進んで、二週間後。

俺はヤンキーの友達から、

「大規模な乱闘があるから巧も来てくれ」

と頼まれた。

けど俺は、

「やべえ、塗木に言われてるから俺今回行けねえわ。夜練があるからよ」

と言って行かなかった。


もし行っていたら？一発で退学になっていたと思う。事実、その最初の喧嘩で同級生が3割くらいいなくなったから。

当時の頴娃高校はいろんな地区から不良が集まる超バカ高校で、一学年250人ぐらいのうち、無事卒業できる生徒が半数もいないくらいだった。監督のねじ込みでやっと入れた俺なんか、ちょっとでも問題を起こしたら即追放される身だった。しかもレギュラーになる前だ。追い出すのは簡単だったろう。

それを免れたのは野球が上手かったから。上手すぎて最初から特別扱いされたからだ。

もし、あの日、乱闘に参加して、監督の顔に泥を塗ったあげく頴娃高校を退学していたら、今の俺は確実になかった。そのまま相当な不良になって一生日陰者で暮らしていただろう。

それくらい、あのときのことはターニングポイントだったと思う。

野球は俺の人生を救ってくれたんだ。

3

器のデカい親父と、肝の据わったおかん

ここで俺の両親のことについても話させてほしい。

頴娃高校に入った当初、俺を夜練に参加させるため、おかんも親父も俺を車で送り迎えしてくれた。俺が単車の免許を取って自分で通学し始めるまで、それは続いた。

でも、片道40分から50分近い距離だ。詳しくは本の後半で話すけど、決して

嫁ぎ先で悠々自適に暮らさせてもらっていたわけじゃないおかんが毎朝毎晩それを続けるのは、大変だったと思う。

俺の両親は、親父もおかんも器がデカい。おかんは特に肝っ玉が据わっている。

俺の桜山中学の同級生は、親がいないとか施設に入っているとかで荒れている子供たちがいっぱいいいた。親父もおかんもそんな子たちを家に引き取って、毎日弁当を作って持たせたり、夜飯を食わせたりしていた。

そんなだったから、俺の家は半分寮みたいになり、俺と兄貴の他にも子供を6人くらい育てているような状態だった。

家は悪ガキたちの溜まり場だったから、放課後は兄貴の友達、俺の友達がみんな来た。多い日は30人くらいいたと思う。知らないヤンキーがドカドカーッと家に上がり込み、息子の部屋でタバコを吸ってギャーギャー騒ぐ。普通の母親なら怖がって無視するか追い払うかするところだ。

でも、おかんは違った。

「あんたら何じゃ、帰れ!」じゃない。むしろ、「挨拶せんか!」と叱りつけた。飯の時間には「飯やで!」と呼んだ。俺たちが部屋から「持ってきてー」と言うと、「何言うとんじゃ、来い!」と叱った。「あたしの目の前で食え!」という意味だ。あたしの家に来たからにはコソコソ裏口から帰るのを許さない、そういう母親だった。

大人になってから当時のことを聞くと、爺ちゃんに金を借りたり、夜に内職のバイトをしたりしていたという。そりゃそうだ、親父は建築会社勤務で別に高給取りじゃなかったし、少年野球の監督もやっているから何かにつけ金がかかる。そのうえ、食い盛りのやんちゃ坊主を、多いときは30人も食わせなきゃならない。金がいくらあっても足らない。

一般的にそんなに人が来ない家なら、普通に暮らせていただろうが、俺の家は違った。

マジで俺らはよく食った。俺の親友は5合、俺も4合食った。兄貴も5合は食った。農家ではなかったけど爺ちゃんが米を作ってくれていたから、とにかく米を食わせて俺らの食欲を満たしていた。だから、おかんはこんなデッカイ釜で一日何回も米を炊いていた。

田舎だからそれができたという面はあると思う。けど、6人から8人ぶんの弁当を毎朝作り、夜は何十人に飯を作って食べさせて面倒を見る、それって——。

それって金で動けるものかな。

金があれば続くかな。

「違う」と俺は思う。

俺は自分の親でそういうのを見てきた。見せてもらえたことは俺にとって、金じゃ買えない経験になったと思う。

あの当時、もしおかんが「これで弁当買っとき」とか言って金でみんなを養っていたら、きっと俺は今と違う考え方の人間になっていた。

4 修学旅行禁止令

俺自身はたぶん親父似だと思う。兄貴のほうがおかん似だ。

肝っ玉はおかんのほうが全然据わっている。あの親父に付いて行けるのはあの人しかいないと思う。

あと、俺たち兄弟二人を育て上げられる人も。本当にすげえなと思う。

俺と兄貴の世代は地元で最悪の世代とされていた。大園兄弟とその友達連中は超ワルだと言われていた。だから、おかんは毎日のように泣いていた。

例えば俺たちは、中学では修学旅行も本当は参加禁止になるはずだった。

その年の修学旅行は福岡かどこかに行くことになっていた。しかし、その前の遠足？か何かに行ったときに、他の中学と喧嘩になり、俺とか俺の友達を地元から出したら何をするかわからないというので学校側が、「息子さんたちは今回の修学旅行に連れていけません」と言ってきた。

するとおかんが学校に、

「もしこいつらが何かしたら私がマイクロバスでも何でも借りて現地まで引き取りに行きます。だから連れて行ってあげてください」と言った。

おかんはいつも学校に呼ばれる度に言っていた。「この子は羽目を外すことが人よりも多いけれど、私に嘘だけはつかない子です」と。

それで学校側も了承し、修学旅行に参加できたが、結局俺は修学旅行でもやらかしてしまった。

事の顛末はこうだ。

日程をつつがなく消化した修学旅行最終日、宿をチェックアウトした俺たち桜山中学修学旅行生の一行は、どこかの県の遊園地かテーマパークみたいなところに行った。旅行中に訪れる先のうちの最後か、最後から二つ目か。とにかくほんとの大詰めだった。

その施設で、俺たち悪ガキグループはお化け屋敷に入った。「うおー‼」とか「ぎゃー！」とかいって叫んだり、ダッシュで逃げたりして楽しんでいたが、最後のお化けのところで仲間の一人が興奮しすぎて、逃げたはずみでチュッパチャプスの串を太ももにぶっ刺してしまった。

「うおぉー！痛えぇー！」

「何やってんだよお前ー！」

と俺たちが騒いでいたら、その場にいた他校の連中が、「バッカじゃねえのー（笑）」みたいな感じでからんできた。

仲間の一人がカチーンと来て、

「おい、今笑ったな」

そこからはもう大喧嘩だ。俺には今回はおかんとの約束があった。だから必死に仲間を止め続けた。そのうちに、騒ぎを知った教師たちが駆けつけて来て、結局俺たちは、他の生徒たちがまだ施設を見て回っているのに、バスの中で待機させられることとなった。

あれが最終日じゃなく旅の途中だったら、おかんが「もしそうなったら」と言った通り、俺たちはおかんの運転するマイクロバスで帰らされていただろう。俺が先に起こした喧嘩でなくても、友達がやったら俺も一緒だ。せっかくおかんが学校に交渉してまで修学旅行に行かせてくれたのに、そんなおかんへの義理もクソもないくらい、俺たちはバカで、今その瞬間の自分を抑えることさえできなかったわけだ。

でも、俺は昔から喧嘩やろくでもないことばかりしていたけれど、「やったことはやった」「やってないことはやってない」。親に対して真実の嘘だけはついたことがなかった。

おかんが掛け合ってくれなかったら、学生時代の思い出の一つになる修学旅行も俺たちは行けないことになるところだったんだ。

5

塾を一日で退学になった

そんな俺だったから、中学三年のとき、たまには勉強してるところを見せてやろうと思い、おかんに言った。

「おかん、塾に行きたいんだ」

「え?どうしたの?やめとき?」

「いや、少しは勉強しねーとな」

そんなことこれっぽっちも思ってなかったが、少しは俺も変わったと思わせてやろうと思ったんだ。

おかんは開いた口が塞がらないほど驚いたんだろう。

「教科書一回も学校に持って行ったこともないやん?家に綺麗に新品のまま教

科書並べてるやん。まずそれを見たら？」

と笑っていた。

俺は塾での勉強に関しては、友達もぼちぼち通ってることだし、俺もやんねーと高校行けねーなー、くらいの感覚だった。塾には他の中学の仲間もいたから行きたかっただけだった。

おかんと親父は「やめとき」と言ったが、俺は二人に交渉して塾に入れてもらった。

そして初日。「今ごろ親父もおかんも、巧も変わったなぁ、良かったなぁって話してるだろうなー」と想像しながら、肩で風を切ってカッコつけて1回目の塾に向かった。

ところが……。

案の定、俺は先生に速攻で楯突いてしまい、塾を荒らしてしまった。仲間も俺が来たから調子に乗った（乗れた）のか、一緒に暴れ出した。

そんなこんなで塾の先生が次の日に家に電話をかけてきた。

「大園君をここにいさせるわけにはいきません。最初から大園君を入れるのは不安がありましたが、やはりこの子は噂通り手がつけられない。無理です」

おかんは言った。

「そうですか。すみません。うちの息子が大変ご迷惑をおかけしました。二度と行かせませんのでご安心ください」

結局俺は塾を初日の1回目でクビになった。聞いたことがあるだろうか。塾を一日でクビになるやつ。

ましてや自分から親に頼んで、わざわざ交渉して承諾をもらってまで行ったのに1回でクビになるやつ。

笑えるよな。でも、おかんは当時笑えなかっただろう。そして「この子はわざわざ何がしたいんだ」と思っていただろう。

だから、おかんは仕事をしているときも家にいるときも、俺たちが何をしてるかということがいつも頭の片隅にあったと思う。

俺はそんなやつだったんだ。

6 出られなかった高校一年夏の大会

俺らの世代は高校でも超ワルだった。

例えば、中学のときなんかは、俺らが在学している間は、学校の渡り廊下の木材壁などなかった。俺らが全部壊すからだ。壁は蹴る、窓は割る。理由なんかない。学校側は、新しいガラスを嵌めても意味がないから、俺らの卒業を待って窓や廊下を直した。卒業後は「やっと学校が綺麗になった。ありがとうございます」と後輩に感謝されたほどだ（笑）。

そんなだったから、おかんはいつも泣いていた。

夏の高校野球大会直前にも、おかんを泣かせた事件があった。

顕妵高校に入って3ヶ月後、俺は正式にレギュラー格になった。兄貴が4番でファースト、中心選手だ。俺は一年生で1番でショートだ。

背番号も決まり、もうすぐ配られるはずだった。俺は「6」だ。

監督からは、

「大会で出すからそのつもりでいろ」

と注意喚起されていた。問題を起こして自分からチャンスを逃すようなことをするなよ、という意味だ。

当時、一年から三年までで部員が70人以上いたはずだ。その中で一年生がいきなりレギュラーに抜擢されるのだ。どれだけ大きいチャンスだったかわかると思う。

それを俺は、喧嘩で棒に振ってしまった。


きっかけは些細なことだった。

あのころの俺は常にイライラしていた。毎日眠いし、学校には野球をやりに行く以外に用がなかったから、その日も俺は教室の自分の机で突っ伏して寝ていた。そうしたら、他の誰かが俺の肘かどこかにチョンと当たった。それがきっかけだ。

「おい、当たったなぁ」と言って喧嘩をふっかけた俺は、相手の生徒をボコボコにしてしまい、即停学処分。自宅謹慎を食らった。

そして俺のその〝暴行〟とやらのせいで、頴娃高校野球部も大会出場を取り消されそうになった。最終的に「一年坊主がしたことだから」というので高野連にお目こぼしをもらって出場できたが、俺自身は出場禁止。もちろんベンチにも入れない。ユニホームさえ着れなくなった。

だから試合は家で、テレビで見ていた。

おかんは俺のことをどれだけ情けないと思っただろう。

でも、その試合は兄貴の最後の試合、お世話になった先輩たちの最後の試合だった。だから俺は居ても立ってもいられなくて、内緒で家を出て、おかんの妹に球場まで乗せていってくれと頼んで車で球場に向かった。

球場では監督にもバレないようにほんとの隅っこから、俺は兄貴たちの最後の試合を、途中からだったが目に焼き付けた。

7 自宅と校内で謹慎計3ヶ月

そんなわけで約3ヶ月ほど、謹慎した俺だったが、最初は即退学になるはずだった。

喧嘩した当日、親父が学校に呼び出された。校長室に入った親父に、教頭は俺の目の前で、

「この子はもう退学です」

と言い渡し、これからの処分について電話すると言われた。親父は俺を連れて帰る車の中でおかんに電話して言った。

「もうあかんでこいつ。明日から仕事探させなあかんかもしれん」

家に着いたら辺りはもう暗くなっていた。けど、家には明かり一つ点いていない。明かりを点けない真っ暗な部屋で、おかんは泣きながら洗濯物をたたんでいた。

その姿を見て俺は「もう終わった」と思った。せっかく、受験に落ち一回高校野球を諦めなければならないとこまで追い込まれて、監督に拾ってもらって、目をかけて夜練に入れてもらって、毎日おかんに送り迎えしてもらって、高校野球では珍しい一年・三年の兄弟でレギュラーになれたのに、自分で起こした暴力事件で全部棒に振ったことを、今更自覚したから。

俺はおかんの前に座り、

「おかんごめん」

と謝った。

おかんは、

「人様に迷惑かけることだけはあかん！もういいよ。仕事をしてください。お母さんはずっと応援します」

としくしく泣きながら言った。

内心では、この子を殺して私も一緒に死のうか、ぐらいのことを考えていたと思う。そんな感じが伝わってきたのを覚えている。


その翌日、親父とおかんが呼び出され、俺らは校長室にいた。

そのとき、廊下から兄貴の叫び声が聞こえてきた。

俺がレギュラー格の練習に来ないから、おかしいと思って気付いたんだろう。監督は俺が校長室に呼ばれたことを兄貴に伝えたら兄貴も行くのをわかっていたが、伝えざるを得なくなって、兄貴に伝えたらしい。

兄貴はユニフォーム姿のまま校長室までの廊下を、

「俺の弟を退学にさせるな！俺の弟はこれからだ！お前らこんなことで退学させてこいつの人生一生背負えんのか！こら！」

と泣き叫びながら走って、校長室に乗り込んできた。

正直、兄貴もとんでもないやつだったから、先生たちは普段から兄貴にもビビり倒していた。そんな兄貴が〝殴り込み〟をかけてきたのだから、先生たちはマジ恐怖だったと思う。

親父が兄貴をなんとか止めて、俺たちは校長室を後にした。

それでそのまま自宅謹慎して、ひと月ぐらい経ったころだったか、学校から、今回は停学処分にとどめるという電話が来た。

後で聞いたところでは、塗木監督や、後に俺らの監督になる当時のコーチが、「巧を退学させるな！」と学校側に噛みついたらしい。おかげで俺は退学を免れ、その電話があってから半月ぐらいで自宅謹慎を解かれ、学校に来ていいことになった。

とはいえ授業にも何にも参加させてもらえない。校内の、あれは何室になるのか、とにかく牢屋みたいな部屋に隔離され、一日そこで過ごした。

そのくせ、朝は誰よりも早く登校させられた。そして放課後は、全員が下校してから帰らないといけなかった。他の生徒と会わせたら何をしでかすかわからないというのが学校側の言う理由だった。だから、校内謹慎期間中も俺の登下校の足はおかんの車だった。

校内謹慎は1ヶ月半続いたが、俺はその牢屋みたいな部屋で、むしろ最高な気分を味わっていた。

「退学になる、もう野球もできない、このままワル友達とも引き離されて社会に出るしかない」と思っていたのが、退学にされないわ、もう一回野球はできるわ、またワル友達とツルむこともできるわになったのだ。最高でしかなかった。怖いもんなしの気分だった。

それに、謹慎仲間が6人いた（笑）。牢屋の隣にも、そのまた隣にもワル友達がいて、

「おーい、元気かーー！」

「おーっ、たくみー！　出たらまた暴れよーぜー」

みたいな感じで呼びあって、騒いでいた。

本当に今考えるとどうしようもないが、当時はそんな俺だった。

8 教師たちを逆に説教した親父

まぁ、本当に、親には迷惑をかけたと思う。

その喧嘩以外でも、親が学校に呼び出された回数は、大小数えたら切りがない。

親父まで話が行く手前でおかんが止めてくれた事件もたくさんある。おかんがそうしたのは、親父に話が回ったら俺がぶっ飛ばされることがわかっていたからだ。それも、俺の親父の殴り方は半端な殴り方じゃない。シャレじゃなく、本当に目の前に星が飛ぶくらい殴られる。俺は親父に通算千発以上殴られていると思う（笑）。

記憶が飛んだこともあるくらいだ。

そんなめちゃくちゃな親父だけど、親父が理不尽に俺を殴ったことなど一回もない。

人として男として、俺自身がいつも、殴られて当然だとわかっていたからだ。「歯を食いしばれ」が親父の口癖だった。そのモードになったときの親父のことはどう表現したらいいか、とにかく怖かった。

でも、俺は常に親父の背中を見て育ち、親父が目標だった。

俺はずっと、周りの親父の友達からは、

「お前の親父はすごいやつだぞ」「親父みたいになれよ」

と言われて育った。

俺が東京に出たのも、一つには親父を超えたいと思ったからだった。詳しくは次章で話すが、「田舎で終わりたくない」という気持ちプラス、「親父を超えたい」という気持ちがあったから俺は鹿児島を飛び出したんだ。

親父のことで思い出す事件がもう一つある。

高校一年の最初に暴行事件で3ヶ月謹慎を食らった話をしたが、二年のときも暴行事件があった。

ただし、このときは俺が暴行された側だ。

俺は野球では一年からずっと中心選手で、二年からはずっとエースだった。三年では主将でエースで5番を担っていた。野球でも今まで先輩たちがなし得なかったほど結果も残した。俺らの世代は野球では学校から感謝されたくらいだ。だから俺は二年のときからもう目立ちすぎていた。

それである日、三年生の連中15人くらいと、俺は揉めたことがある。

全員に囲まれ俺は一気にボコボコになった。

生徒の事件だから当然親は呼び出される。けど、学校はやったほうの親じゃなく、やられた側の俺の親父を呼び出した。

校長室には暴行したほうの人間は呼ばれず、血まみれでボコボコになった俺と、校長と教頭以下教師たちが7、8人。そこに親父がガラッと入ってきて、一通り話を聞いてから言った。

「巧、どうすんだ。関わった人間全員退学させるか？」

教師たちは「またうちの巧が騒ぎを起こしてすいません」みたいな言葉を親父に期待していたんだと思うが、親父はそんな人間じゃない。

それどころか、「巧よく手を出さなかったな」と一言目に言ったくらいだったから、先生たちは面食らっていた。

親父の言い分はこうだった。

「そいつ（三年生たち）がもし巧だったら、お前ら（教師たち）は相手の親を呼ぶまでもなく即退学にしてただろう？だったらそいつらが退学にされるのも自然じゃないか」

そして以前俺が謹慎になった時、俺に散々言った教頭に向かって、

「お前俺の息子をクズ呼ばわりしたよな。今こいつを殴ったやつらは君から見てどう思うんだ？」

と逆に親父が教師たちを説教した形だった。教師たちは図星を指されて黙っ

ていた。

　重ねて親父が俺に聞いた。

「巧どうする。今だったらお前次第で全員退学にさせることもできるぞ」

　今までお前が散々先生たちから言われてきたことだろ、お前が決めろ、と。

　先生たちは真っ青になっていた。なぜかというと、俺を袋にしたその三年たちは卒業を控えて就職先が決まっていたからだ。

　退学処分になれば就職は取り消される。親父はそこもわかって聞いていた。

　俺は言った。

「いいよ、これぐらいの怪我。俺も好き勝手やってきたから目をつぶるわ」

「ここで全員就職を取り消させることもできるんだぞ」

「いい。就職くらいさせてやれよ。今回は俺が我慢するよ」

　それを聞くやいなや、教師たちが、

「ありがとうございます！」

　と頭を下げた。俺に？　親父に？　どっちだって一緒だ。こんな馬鹿馬鹿しい

「ありがとう」ってあるかと思った。マジで「ふざけんな!」だった。

校長室を後にして帰りの車に乗るとき、親父はあらためて俺を見るなり、

「すげー顔だな」

と言った。俺たちはそのまま二人で笑った。

いつ、どんなときも、親父は俺の味方をしてくれた。

9 小学校の先生のこと

ここまで聞いて、俺のことを、問題しか起こさない粗暴な人間だと思う人がいるかもしれない。

中学、高校時代は確かに、野球を除けば他は悪いことばかりしていた。特に世の大人どもが大嫌いだった。教師も俺のことが大嫌いだった。中学、高校時代は、いい先生と巡り会ったという感覚はまったくない。

ただ、そんな俺も金山小学校の井出先生は大好きだった。いっぱい怒られたけど大好きだった。井出先生も俺のことを大好きだった。

この前、久しぶりに鹿児島に帰省したときに、俺の親や仲の良かった友達たちもみんな集まって大宴会を開いた。そこに井出先生も来てくれて、小学校以来、何十年ぶりにまともに話をした。

先生は今はもう定年退職されてのんびり暮らしているとのことだった。

その席で先生といろんな話をした。金山小にいた当時は40歳代だったことか、俺が桜山中学に入ってしばらくしたら中学から電話がかかってきたこととか。

先生が言うには、中学の教師がわざわざ金山小に電話をかけてきて、

「大園巧は教師に反抗して手が付けられない。こんな子をどうやって教えていたのか」

と先生に聞いたんだそうだ。

先生はそれに対し、

「あの子は同年代の子供たちの中でも一番男らしくて思いやりの深い子だ。そんな子の心を開かせられないあなたたちが悪い。巧をそんなふうに荒れさせるのは、あなた方教師のほうに問題があるのではないですか」

と言い返して電話を切ったという。そんなことがあったとは、俺は全然知らなかった。けど、先生の言ってくれたように、俺が喧嘩や反発をするときは、大抵、理由があったんだ。


また、ここ数年は雑誌などのメディアに取り上げられるようになった俺を見て、「君はどこに行ってしまったんだ」と感じていたけど、生で会ったらちっとも変わっていなくてホッとした、とも言ってくれた。

俺も、他でもない井出先生からそう言われて、うれしかった。

Topic1 Takumi's word

遊んでるとき

仕事で成功したいなって考えてた

仕事してるときは

遊んでる人いいなって考えてた

今は仕事の中に

たくさんの遊びを組み合わせようと

考えている

仕事は楽しくやったほうがいいからね。仕事でネガティブになること、それこそ辞めたいと思うことあるかって?毎日思ってるよ。仕事って辞めたくない?それも結局どう自分がとらえてるかの問題だと思うんだけど、「仕事」は、辞めたいといつも思ってる。俺は。なんだろう、「仕事」っていう感覚をやめたい。仕事っていうんじゃないところに持って行きたい。遊びってめちゃパワフルに楽しめると思うけど、それが「仕事」だったらパワフルじゃないと思う。気を遣ったりとか、目上の人にはこうしなきゃ、とかね、若いときはそれがね、気を遣ってもらったりが楽しかったりもしたけど、俺も気を遣ったりしてきたからわかるけど、そういうのって家に帰ったらやっぱ疲れてるのよ。あ~疲れた~って。

俺はもう「仕事」っていう感覚ではやってない。じゃないと続かないなって思うから。やめたい、「仕事」は……。

みんなが思う仕事のイメージって、逆にどうなのかな。逆に聞きたいよね。

うちの社員たちには、仕事ってお客様や人に価値を提供するものであって、未来を提案していくものであって、そういったものをやるときには遊び心がないと難しいぞって教えてますよ。

堅いんだよ日本人って。そもそも。明日死ぬかもしれないんだよ、っていうような感覚だから俺は(笑)。だから、今日の仕事失敗したな~、ってクヨクヨしたりってのは、あんまないかな。「ああ俺の実力ここまでか、まあしょうがないなもっと頑張らなきゃな」って思うくらいで。

社員にも言うんだけど、仕事を愉しむには、社員とか仲間のこれからの幸せを、自分の幸せの中に入れ込むこと。大体の人っていうのは、自分の目標のため目的のために頑張るの。けど、仕事を愉しむ、ってなった場合、この仲間たち、この仲間たちがここまで行けたら愉しいよね、っていうのを入れ込んでいくしかないんだよ。仲間だったり彼氏だったり家族だったりを、自分の目的目標の中に入れ込むの。意識的に。「それを私が成せればこの人たちが幸せになる」っていうのがないと仕事って愉しむことできないと思う。自分一人が満足したらいいんであればちっちゃい話にしかならないから。人をわくわくさせることを俺は仕事だと思ってるよ。

Gravity

2

第2章／土地の引力

―鹿児島の限界と「さよなら」とのはざまで―

1 上京の準備期間としての鹿児島市時代

南九州最大の都市・鹿児島市

高校三年最後の高校野球夏の大会、鹿児島県予選。俺たち頴娃高校はシード校として臨んだ。前年の秋季大会で鹿児島県ベスト4、春季大会でベスト8になり、その実績で他県の春の選抜甲子園出場チームとの招待試合にも呼ばれ、南薩地区で優勝した俺たちは、夏の大会注目校として多数メディアに取り上げられていた。

しかし、結果は3回戦敗退。甲子園に行けなかった。同時に俺の野球人生もそこで終わった。

強豪大学をはじめとし、関東や関西、いろんな大学から野球入学の話が来たり、プロからも評価を受けていたが、野球に関してはもう高校野球でやり切った気持ちだった俺はそれらを全部断って、学校にはまったく行かず、卒業まで遊び、麻雀や友達と楽しいことをすることに明け暮れていた。


三年の後半になると、周りのやつらは名古屋とか大阪とか、九州でも都会の福岡とかに就職が決まっていった。

それを見ながら俺は、就職活動は一切しなかった。そもそも学校は三年になってから部活以外出席していないから、まともな就職ができるわけがない。だから、卒業後は親父のツテで建築系の適当なところを紹介してもらえばいい、ぐらいのつもりだった。

そうして入ったのが、鹿児島市にある有限会社誠工社だ。

当時で従業員10人弱ぐらいの、小さな会社だった。俺はここで上京までの1

年半を過ごした。

鹿児島市での1年半はめちゃめちゃ楽しかった。第一、人生初の一人暮らしだ。18歳で体力も何も有り余っている男が、本土の南の終着駅の田舎から、南九州最大都市・鹿児島市に引っ越したのだ。ワクワクしないわけがない。遊ばないわけがない。

俺は仕事が終わったら市内一の繁華街である天文館通りに毎晩繰り出し、新しくできた仲間・先輩と一緒に酒は飲むわ、女の子と遊ぶわ、気持ちよく羽目を外して普通の社会人生活を送っていた（笑）。

ただ、それをしながら、心のどこかで満たされない想いが募っていた。

今思えばそれは、鹿児島の現実、あるいは〝限界〟を目の当たりにしたせいだったかもしれない。

――いや、その話はまだいい。まずはその鹿児島市での1年半、俺が初めての社会人として何を経験し、何を学んだかについて話していこう。

2 初めての社会人

誠工社は鹿児島市谷山地区にあった。

谷山地区は天文館通りとかJR鹿児島中央駅とかがある中央地区の南隣り。市内を走る路面電車（鹿児島市電）の南の終点が「谷山」停留所だと言えば、谷山が鹿児島市市街区の南の境界辺りであることが伝わるだろうか。誠工社はこの地区の海寄りに今もある。

ちなみに、NINE JAPANの経営理念が同じ音＝成幸《せいこう》であることに今回初めて気付いたというのは、嘘みたいなホントの話だ。初めて勤務した会社の名が、8年後に自分が起業する会社の経営理念と発音が同じだったなんて、

どういう因果か……⁉

海寄りは区画も道路もだだっ広い。誠工社の社屋も敷地を贅沢に使った横長だった。

中に入った2階では、みんなから竹ちゃんと呼ばれているお爺ちゃんが塗装職人をやっていた。竹ちゃんの他に川端さん、入来さんという人たちも当時65歳とかのお爺ちゃんで、製材なんかは寝ながらやるくらいの、超熟練の職人さんだった。

俺の直属の上司は当時30歳前後の中野先輩だ。俺は中野先輩のことを「師匠」と呼んでいた。中野さんの同級生で原田さん、四枝さんという人たちもいて、この3人がバリバリにカッコよかった。乗っている車は、ヤン車で人気の日産シーマなど。ようは、3人は俺にとってヤンキーの大先輩たちだったわけだ。

就職すると、「18歳のやんちゃ坊主が来た！」というのでみんな俺のことを可愛がってくれた。基本的に身内かその縁者で固めた会社で、新卒定期採用とかもしていなかったから、久しぶりに若いのが入ってうれしかったんだと思う。社内は全員仲良しで、俺もあたたかく迎えてもらった。

この人たちの他にもう一人、工場長の小倉さんという人がいた。

小倉さんの印象は……どう表現すればいいか、「真面目だけど不良の仲間にいる」、「けど、ゴリゴリに喧嘩が強い人」みたいな感じだった。

この人が、俺の中で、超ややこしかったんだよ（笑）。

職場の工場長

俺にとって小倉さんは、常に「この人をどう攻略するか？」と考える相手だった。

建設業の朝は早い。現場直行の日もたまにあるが、トラックが会社にあるから基本はみんな、朝は一回会社に来る。それが大体朝7時から8時ぐらい。出社したらまず朝礼だ。朝礼が終わったら現場組はトラックに乗って現場に向かい、工場組は工場で作業を開始する。

俺は現場組で、半人前の新人だから、トラックは大体俺が運転しなきゃならなかった。朝7時、8時には行かなきゃいけない。

けど、18歳で初めての一人暮らしの男が、毎晩天文館に飲みに行ってて、起きれるはずないじゃない、なあ（笑）。

だから週のうち2日くらいは遅刻していた。それも半端な遅刻じゃない。超遅刻だ。11時とかだ。相当寝てたからね。

それで起きたら工場長の小倉さんに電話するんだが、最初のうちは正直に、

「すいません寝坊しました！」

とか言っていた。

けれど、2日続いたらさすがに「お前いい加減にしろよ」と小倉さんに怒ら

れる。そりゃ当たり前だ。だから俺は言い訳を考え始めた。

その日は確か、起きたら9時半ぐらいで、まだなんとかできそうな気がして、俺は時間を稼ぐ作戦に出た。


「すいません!ちょっとぼくはね、7時には起きてたんすよ」

「おう、それで?」

「車が、開かないんすよ。今開きました!今開いたんす!」

「だったらもっと早く連絡入れろよ!」

「いや、だから、今、あの、車の中に、鍵と携帯を置いちゃってたから、今とりあえず近くのレッカー屋に走って、車の鍵開けてくれ、仕事があるからって、言って、でも『別のお客さんのやってるからちょっと待っててね~』とかって、1時間も待たされたんすよ」

――これも一つの知恵だ。理屈は通ってる。俺が遅刻魔じゃなかったら信用する。イケる!真実っぽい!――そう考えた。

それで最後に、

「だから、今から行きます」

と言うと、小倉さんは、

「ほぉ〜う？」


他は例えば「踏切」だ。俺が当時住んでいた「コーポひまわり」は目の前に市電の線路が走っていた。俺はそれも利用した。

「踏切が、カンカンカンって、開かないんすよ！ずっと！もう1時間待ってて、でも開かないから、俺は遅刻の電話することにしたんす」

小倉さんは電話の向こうで笑っている。そして、

「いいから今から来い！」

「行きます！」

言い訳であることは小倉さんもわかっている。けど、あえて俺の説明を一通り聞いてくれた。

そして小倉さんや先輩たちに笑われたり怒られたりしたけど、夜になったらやっぱりみんな、

「巧、飯行くぞ」

とか言って、俺のことを毎日可愛がってくれた。

言い訳のパターン

起きてすぐ言い訳を考えるのは無理だから、俺は必ず寝る前に、複数のパターンを考えていた。

今、俺はＮＩＮＥのみんなに、「用意」すること、「準備」すること、ダメだったときのため「保険」をかけておくことの重要性を繰り返し説いているが、自分の中でのそれらの原点はこのときの体験にあったかもしれない。ちょっと次元は違うが。

パターンは何時に起きるかによって変えた。遅れるのが30分とかだったら「渋滞」だ。道路が混んでいて車が進まなくて遅刻したという理由が——理屈のうえでは——成り立つレベルの遅刻だからだ。

でも、渋滞の様子を頭で想像してさんざん電話で説明して最後に、

「だから、今から行きます」

と言うと、小倉さんから冷静に、

「そこ渋滞するルートじゃねえぞぉー」

と指摘されたりした。そういうときは「しまった〜。次はこっちのルートで言おう」と改善策（？）を頭にインプットした。

毎日そんなふうだったから、朝電話したら、

「おいー、今日はどんな言い訳だー（笑）」

と、俺が話す前から言われることもあった。説明しているうちに辻褄が合わなくなって頓珍漢な理由を言ったときは、

「そりゃちょっとおかしいなあ〜」

と論理展開の矛盾を突かれたりした。勘のいい人だった。

もちろん本気でブチ切れられたことも何回もある。けど、小倉さんとはそういう、恐怖半分、ユーモア半分のやり取りをたくさんさせていただいた。

遅刻はした。でも一回も飛ばなかった

ただ、俺はそれだけ遅刻しながらも、飛んだことは一回もない。

インスタに保存してある自分の語録に、**「常に目の前にある2枚の切符。〈楽〉と〈苦〉」**という言葉がある。

俺が今NINEの社員にいつも言っていることだが、例えば寝坊したときに、「すみません、今日体調が良くないから休みます」

というふうにしたら絶対駄目だ。

そこで先に楽をとって、「熱があって。ああでこうで」とやっちゃったら、

今時は身体的な理由を出せばそれがたとえ嘘でも上司は否定するとパワハラになるから、通るのは通る。

けど、それをやっちゃうと次にまったく繋がらない。

それよりも、どうせ明日行けば怒られるんだから、先に苦をとって、遅刻でいいから行くべきなんだ。


その日に行っても怒られるのは当然怒られる。

けど、「逃げなかった自分」が必ず残る。すると、「怒られたけど行ってよかった」と自分で思えるものなんだよ。

その一日の積み重ねが、自分がこれから生きていくときの癖になるんだ。

今の若い子は――などという言い方は俺自身は好きではないが、事実として――こういうときに楽をとる傾向が強い。中には、連絡すらせず飛んでそのままになる子もいる。

だけど、遅刻に限らず、人同士の事柄は「行けば変わる」ということはあるんだ。生身の人間がその場に来た、逃げずに来た。来て今目の前にいる、殴られていい覚悟で立っている——そのことの説得力というか、そういうのは確かにある。

当時、俺は遅刻こそしていたものの、自分が起こした目の前の問題から逃げることだけはしたくなかったんだ。

これは当時の遅刻の話だが、ここで伝えたいのは、どんな問題や失敗でも、起こしてしまったことより、その後どうするか？目の前の「楽」と「苦」の切符をどう選ぶかが、人生において重要だということだ。

鹿児島市時代に学んだ二つのこと

今回の本を作るまでわからなかったが、鹿児島市で過ごした1年半は、実は俺にとってむちゃくちゃ大事な期間だったと思う。

高校までの俺は、俺の基準で許せない大人がいたり、仲間を傷つけるようなことをする相手がいれば殴っていた。拳でコミュニケーションしていた。けど、誠工社では、自分の主張（例えば言い訳）を理解してもらうために、頭をフル回転させて考えた。それまでそういうトレーニングをしたことがなかったから、理屈で人とコミュニケーションする術を身に付けたという意味で、職場で揉まれた経験は、俺をすごく成長させてくれた。

あともう一つ、最初の一人暮らしの経験を地元（枕崎）から遠すぎない場所でできたことも良かった。

俺の同級生たちで、高校を卒業してそのまま東京、大阪、名古屋とかの大都会に就職した連中は、3ヶ月ぐらいしたら大体が地元に帰ってきた。俺は親父やおかんを置いて出るわけにいかなかったから、本州の都会に行くやつを「頑張れ！」という気持ちで見送ったのに、やつらはあっさり帰って来る。俺は「何してんだお前」と思っていた。

けど、今回本を作ってくるなかで、やつらの気持ちが少しわかる気がした。俺ももしかしたら鹿児島市で揉まれないままいきなり東京や大阪に行っていたら、やつらみたいに帰って来ていたかもしれない。帰って中高の友達と今まで通りバカをやって、長渕剛の歌の通り夢を語って、そのうち夢を諦めに置き換えて、置き換えることが大人になることだと自分を慰めて、地元の価値観に安住していたかもしれない。

鹿児島市での1年半は俺に二つのことを教えてくれた。

「夢を諦めないこと」

「夢を叶えたいなら、願い、言い続け、遠回りでもしっかりとプロセスを踏むこと」

最初の一人暮らしと社会人生活が鹿児島市で、本当に良かったと今は思っている。

3 鹿児島の限界と東京への想い

未完の夢を語り続ける地・鹿児島

鹿児島は常に夢を語っている。逆に言えば、俺的には夢が常に未完のままの土地に思えた。鹿児島市でもそれは変わらない。常に未完成で少年の心のようで、その中にいれば満足した気分でいられるが、本当の意味で鹿児島で夢が叶った、夢を実現したと言う人を俺は鹿児島で見たことがなかった。みんなの街もそんな感じだろ?今はSNSの普及により、田舎にいても有名になったり夢を叶えたりできるチャンスがたくさんあるけど、俺たちの世代は、枕崎あたりで友達とつるむといったら友達の家に行くものだった。集まって騒げる店も場所もないからだ。俺も親友のリョウの家に行って、二階の窓から屋根に出て、夜空を見上げながら煙草を吸って瓶ビールを飲んで、二人で毎晩夢を語った。

「リョウ、俺さあ、高校卒業したら一人暮らしするんだけどさ」

「いいねえ。お前だったら必ずデカくなれるよ」

「そうか。お前もさ、一緒にこれからさ、もっともっとデカい男になってこうぜ」

今思うと馬鹿かと思う（笑）。デカいって具体的にどういうことだよって聞いてやりたい。でも当時はそれで全然よくて、

「お前ならできるよ」

「俺ならできるよな」

で、乾杯して満足していた。それでまた次の日も屋根に上って「リョウ、俺さあ」だ。

それを毎日やっていた。やっている俺らってカッコイイよな、と思ってた。

今思うと完全に自己満足だが、それが愉しくて仕方なかった。ひたすらその瞬

間が愉しくて、夢の実現のためにどうするなんていう理屈はこれっぽっちも考えてなかった。

でも若いときなんてみんなそんなもんだろ。理屈なんかない。プロセスなんて意識は欠片もない。ただ夢だけを食って生きている。ピュアでポジティブということで言えば、あのときほどピュアでポジティブだったことはなかったと思う。

だから枕崎で夢を語っていたころは愉しかった。ひたすら愉しいだけだった。夢が叶うかどうか考えなくてよかったから。

鹿児島の限界を悟ってしまった

鹿児島市で一人暮らしを始めて1年くらい経つうちに、自分の夢も大きく膨らんでいって、俺は段々、俺の夢と目の前にいる人たちとのギャップから、夢を諦めに置き換えて生きている人たちばっかり自分の周りにいるように感じるようになった。

他の地方も似た感じかもしれないが、鹿児島では22、23歳くらいまではヤンキーの男がモテる。それが24歳くらいからは、子供がいるとか嫁がいるとかでちょっと落ち着いた雰囲気の男がモテる。そんな感じだった気がする。

車高を落としたシーマで出身高校に来て、そのシーマも中古が30万か40万くらいで買えるのに、本人からしたらそれがステータスのつもりで校門からクラクションを鳴らしたりして、「うわー何々先輩だ！」とかって騒がれて。「俺も卒業したら何々先輩みたいになるぜ！」みたいに言われていい気になって。

でも、そんなちっちゃい価値観だから、都会に出て一人になったらすぐホームシックになって帰ってきて。結局は地元のメンバーとつるんで彼女ができて子供ができて結婚して、マイホームパパになる。

財布を嫁に握られて、自分で稼いだ金も自由に使えず、たまにキャバクラに飲みに行っても後輩にもおごれない。もっとデカいことしたかったはずなのに、

夢を語ってたはずなのに、

「俺んとこも嫁がな……」

とか言って夢を諦めて、それがカッコいいつもりで、後輩たちに〝男のアガリ方〟を説教して優越感に浸る。それをまた店の女どもが、

「何々さんステキ」

とか言って持てはやす……。そういう風潮。そういう価値観。田舎のヤンキーに典型的な人生のアガリ方。

そういうのが悪いとは言わない。それも一つの生き方だから。

けど、俺は「情けねえ」と思った。

「俺はそれで終わりたくねえ」と強烈に感じた。

同時に「これが鹿児島の限界なんだ」ということも18～19歳の俺は悟ってしまった。

俺が「本当の意味で鹿児島で夢を叶えたと言う人を見たことがない」と言ったのはそういう意味だ。世界がちっちゃすぎて、夢に挑戦しようにも、挑戦で

きる限界が低すぎるんだ。

「俺は鹿児島を捨てる」

そう悟ってから俺は、鹿児島に居てはいけないと猛烈に感じ始めた。

「鹿児島でチャレンジするって何をチャレンジするんだ？ こんな田舎で何をいくら吠えたって誰にも届かない。限界を突き抜けるためには、チャレンジする限界を超すためには、鹿児島を離れるしかない」

――そう思い始めたら夜も寝れなかった。真剣に考え出してからは居ても立ってもいられなかった。

そして、その気持ちが東京に行く決心に変わるのに、そんなに時間はかからなかった。

俺は長渕剛が好きだ。物心ついてからずっと長渕剛の歌に感化されてきた。

屋上で友と夢を語り、やり場のない感情を教師たちや大人たちにぶつけ、鹿児島を愛し、恨み、そして今、鹿児島を捨てようとしている……。

長渕に『いつかの少年』という曲がある。「俺にとってKAGOSHIMAはいつも泣いてた　ひ弱で不親切で 邪険な街だった」で始まる曲だ。

その後半で長渕は、「俺はKAGOSHIMAを突んざく波に捨てた」と歌う。同じだ、と思った。俺ももう鹿児島を「ひ弱な街」としか思えなくなっていた。

そして俺は覚悟を決めた。

「東京に行く。鹿児島を捨てる」

最後まで東京行きを認めなかった親父

その決意を周りに伝えた1ヶ月後には、俺は東京に向け車を走らせていた。

とはいえ、すんなり送り出してもらえたわけではない。

鹿児島はもともと地元意識が強い土地だ。特に枕崎みたいな田舎は。金山町では地域の子供たちは全員兄弟姉妹みたいな関係だ。年下の男の子は全員俺の弟、女の子は妹。俺は近所の子たちみんなから「巧兄ちゃん」と呼ばれて育った。

だから俺も、実の兄貴以外に兄ちゃん姉ちゃんが何人もいる。俺が一人暮らしをして金もなく、飯も食えなくなったときは、いつも兄ちゃんや姉ちゃんに飯を食わしてもらいに家に行く。

そんな土地で、みんなが家族みたいな関係だから、俺が上京すると聞くと全員が泣いて引き留めた。

特に親父が、絶対に許さない雰囲気だった。

「行くな」とは言わない。積極的に止めるのは父親にあるまじき態度だと思っていたのだろう。その代わり、

「お前が東京に行ってもヤクザか不良にしかならん」

という言い方で最後まで首を縦に振らなかった。それを言うときも半べそを

かきながらだった。

本当は男として行かしてやりたい、旅立とうとする息子を送り出してやりたい、けど、寂しさや心配が勝ってそれが言えない――。足掻く親父の気持ちが俺にもよくわかった。

でも、俺は本気だった。だから、何度も親父に会いに行った。追い返されたその帰りの車の中で、長渕剛の曲を聴きながら親父の寂しそうな顔を思い浮かべ、上京したい気持ちとの狭間で涙したこともあった。

いくら止めてもこいつは曲がらない、とついに悟った親父は、「二度と家に来るな」と俺の覚悟を試す言葉を言い放った。

親父は、結局若い頃の俺に、どこまでの覚悟があるのかを問いかけていたんだろう。昔から言葉にはしないけど、そうやって俺の「思い」を「覚悟」に変えてくれるような親父だった。

おかんは、親父同様、寂しさと心配が強かったらしいけれど、

「あんたが言い出したら絶対曲がらんから行きなさい」

と言ってくれた。最初に電話で話したときは「いつ！仕事は！」と驚きを隠さなかったが、事態が自分の中で消化できたらおかんは強い。このときも俺の覚悟を理解して、やっぱり俺の背中を押してくれた。

兄貴には最初に伝えた。

兄貴は俺の人生をいつも自分のことよりも先に考えてくれるほどの兄貴だったからこそ、

「そうか！俺が親父たちのことは見るから、お前はデカくなってまた帰って来い。お前なら大丈夫だ」と、すぐ言ってくれた。

だから、残るは親父だけだった。

俺は親父が大好きだからこそ、この件で親父に会うのはいつも寂しかった。

そしてもう一回親父に言いに帰ったとき、俺は親父に約束をした。

「3年だけ行かしてくれ。3年したら俺も気が収まってるはずだから」

実際帰ってくる気があったとかじゃない。そこまで言わないと親父が可哀想と思ったし、納得しないと思ったから。それに自分も本当に東京でやっていけるかどうかの確信はなかったのも事実だった。

親父はこのときは「行くな」と言った。今と違って当時は携帯もガラケーの時代だ。スマホでＧｏｏｇｌｅを見てどこにでも行ける今と全然違う。Ｗｉ－Ｆｉで何時間でも話せるテレビ電話も、ＬＩＮＥもない。メールのやり取り、電話かけ放題などのパケットプランもない。

それも枕崎は本土の南の果てだ。出て行ったらそれきり「さよなら」なのは親父もわかっていた。親父はそのことが堪らなかったのだ。

しかも、俺は東京で仕事が決まっているわけでもないし、車で行こうとしている。知らない道を自分で運転して初めての東京まで行けるつもりでいる。

親父にしたら、

「やっぱりこいつはバカだ。計画性も何もない。東京の街に染まって不良かヤクザにでもなってしまう」

としか思えなかっただろう。だから積極的に止めた。俺はこの日も結局、親父の許しをもらえなかった。

30人に号泣されながら出発

そしてそのまま上京当日。実家に別れのあいさつに行った。家に着くと弟たち妹たち兄ちゃん姉ちゃんたちが30人くらいいて、車から降りた俺を囲んで号泣した。小さい子たちもわんわん泣いた。これで「さよなら」なのは子供心にもわかったからだ。

俺が実家に入ると、おかんが台所で茶碗を洗っていた。

「もう俺行くぞ」

「早く行き」

「親父は?」

「トイレから出てこん」

もう30分も出て来ないという。俺はトイレの前に行って、

「親父、行くぞ」

それでも返事がない。おかんが台所から俺に言った。

「もういいから、行き」

後で聞くと、親父は一人、トイレで涙を堪えていたそうだ。

俺は外に出て、車に乗り込んだ。

今度は本当に実家を背にしていた。

アクセルを踏むと車が走り出した。30人の号泣が背中の後ろで段々遠ざかる。

その瞬間、俺も前が見えなくなるくらい号泣していた。


親父からは、東京に来て以来、一切電話もかかってこなかった。

鹿児島市にいたときは休みのたびに「今週は帰って来ないのか」と誘ってきたり、社会人野球も俺は親父、兄貴としていたし、平日もよく電話をかけてきたりしていたのが、東京に出た日以来一切なし。

後で聞くと、当時親父はこう言っていたらしい。

「自分で決めた道だ、今俺が電話したらあかん」と。

どれほど俺のことが気になっていたかは想像しただけでわかる。日々おかんに「巧は何してるんだ」と聞いていたそうだから。

それから数ヶ月、俺は親父と話すこともなく、親父に良い報告ができるようにとひたすら東京での生活を必死に生きていた。

そこから徐々に、俺の頑張りを認めてくれていると聞き、俺がサプライズで親父の誕生日に帰省したら大喜びしてくれたり、親父も東京に何回も遊びに来てくれたりして、関係がほどけていった。

そして上京から3年後、東京の友人たちが俺の誕生日祝いをしてくれた日に、鹿児島から親父とおかんを連れてきたことがあった。そして帰りに親父を羽田空港まで送ったとき、俺は二人の時間を作り、親父に聞いてみた。

「3年の約束だったけど」と。

親父はたった一言、

「帰ってくんな。お前にはもう東京の仲間もおる。この仲間たちを大事にして、お前は東京で大きくなれ」

そう言ってくれた。

あのときの決断と行動——鹿児島を捨てて上京——がなければ、親父にそんな環境も見せられることはなかっただろう。

Topic2 Takumi's word

経営者に
なりたいなら
まず自分経営から始める

経営者になりたいって思う人多くて。でも、俺はまず「君の財布誰が管理してるの?」って聞く。「え、私ですよ」って答えるよね普通は。で、それも自己経営の一つであって。今月自分のお給料これくらいだった、っていう財布の管理も経営なんであって。

だって、お客様の満足を上げることで対価が得られてお給料が得られるわけでしょ。誰かの感動だったりとか価値の提供、未来提案をこっちができれば、こっちが与えることができれば、それが対価なりお給料なりになるわけでしょ。

だから俺のなかでは収入って人間力の現れで、「収入=人間力」で、人間力をどう上げていくかっていう経営を一番最初にしなきゃいけないんだよ。どうやって上げていくかを考えて、それを実行して、結果がどうだったっていうのを検証して、よしじゃあ次はこういうふうにやってみよう、ってまた考えてそれを実行して検証して、っていうプロセス。これがそのまま経営なの。全部経営。

経営者って、肩書で会社の代表取締役とかってなってたら「あ、経営者ですね」って、それはわかりやすいかもしらんけど、そういうものより、自分の財布を管理しながら、ここに住みたいな、でも家賃がいくらかかるな、っていうようなことも、昔は収入の3分の1のところに住めってよく言われてたけど、「いや、俺はこのレベルの人間力を身に付けたいから、少し背伸びしてでも家賃が高いところに住むぞ!」とかね。それも自分の価値観に沿った一つの経営であって。会社経営って自分がコントロールできないこともいっぱい起きるわけで、まず自分経営がしっかりできないとね。

俺なんか、自分が問題起こすより社員が起こす問題のほうが多かったりするから今は。そういうときは「マジかー!」って天を仰ぐよ。毎日あるよそんなの。「おっとおっとぉー!?」って(笑)。

Tokyo

3

第3章／東京にて

―自分で拓く人生との出会い―

1 アパレル店員時代

本当はあのとき恐怖を感じていた

カーオーディオから長渕剛の『東京』が流れている。

ワゴンRよ、よくここまで走ってくれた。

最後のインターが見えてきた。あそこを降りればいよいよ俺の東京生活の始まりだ。

ワクワクするぜ――――！

と、いう感じで勇ましく東京に着いた！と言いたいところだけど、実は来た瞬間、不安どころか恐怖がワクワクを上回っていたというのが事実だった。

俺が鹿児島から車で24時間かけて上京したのは２００９年。この頃はスマホの地図アプリも今みたいに洗練されていなかった。ましてやカーナビも俺の車にはついてなかった。

当時、兄貴がトラックの運転手をしてて、鹿児島－東京をよく往復している運転手の先輩が何人もいたから、俺はその人たちにお願いして、運転中携帯をつなぎっぱなしにしてナビをしてもらいながら東京を目指した。

「神戸北インターチェンジ過ぎたんすけど！」

「おう、じゃあもうすぐ新名神に乗るからな。間違えるなよ」

「車線どこ走っとったらええですか！」

「右じゃ右！左ちゃうぞ。中国自動車道乗るなよ！」

「右っすね！右！（ギューン）」

そんな感じで誘導してもらって東京まで来た。

当時は国の経済活性化施策で「高速道路休日1000円乗り放題」というのをやっていた。俺もこれを利用して上京した。

「高速代が1000円で済んだら金かかんねえ。楽勝じゃん」と思って、餞別でいただいた4万円を握りしめて、どうにでもなるつもりでいた。とりあえず心配な要素はなかったわけだ。

だから、名古屋を過ぎ浜松を過ぎ静岡を過ぎてからも、俺は、

「ようやく東京に行ける！最初の一歩だ！」

とワクワクしていた。鹿児島を出たときの気分がそのまま続いていた。本州に入ったらインターチェンジがデカくなった。ジャンクションもデカくなった。けど、車の中にはまだ〝九州の風〟が吹いていた。

そのうちに日が傾いて夜になった。

高速のオレンジ色の明かりの中で車を走らせ続け、前方にひと際デカい料金所が見えた。「東京」という標識が目に飛び込み、近づくと、ＥＴＣのゲート

がまるでハーモニカの口みたいに、ブワーーッと並んでいた。

その瞬間、俺はものすごい恐怖を感じた。

さっきまで背を押していた九州の風がパタッと止んだ。俺は〝何も持っていない〟ことを初めて自覚した。

ヤバい、啖呵を切って地元を飛び出したはいいが、俺はこの東京でやっていけるのか？やっていくための武器を持ってるのか？

もしここを潜ってしまったらもう帰れない。このまま先に進んでいいのか俺は？

この街は何人呑み込んでるんだ？果たして俺は東京で、俺というものを保ちながら、生きていけるのか――？

そんな想いが急にぐるぐると頭を回りだした。俺の動揺をよそにゲートバーがＥＴＣに反応して上がった。俺は前に進むしかない。この〝東京〟という得体の知れない街の内側に、入るしかない。

あの日のETCゲートの異常な数は今もビジュアルで鮮明に思い出せる。出る前にガソリン代のことを忘れていたから、そこまで来たらもう4万円も大半がなくなっていた。武器がない、金もない、何もない。

俺はハンドルを握りしめ、首都高速の次々現れる分岐に翻弄されながら、今自分が何をしているかわからない気持ちで、一気に高くなったビルの間を走っていった。

雑誌を見て電話をかけた先のアパレルに就職

東京での俺の新居は和光市にあった。

和光って埼玉の?東京じゃないじゃん、と思うだろう。そう、その埼玉の和光市だ（笑）。

俺は鹿児島を出るときに付き合っていた彼女がいて、その彼女が埼玉にいる友達に連絡してくれて、そのアパートを契約しておいてくれたのだ。

家賃は光熱費込みで月3万5000円。東武東上線和光市駅から徒歩25分ぐらいかかった。番地は覚えていないが、「第二ふりゅう荘」という名前だった。上京して何年も経ってから現地を再訪したが当時の建物はなく、普通の一軒家になっていた。

俺が上京したのは冬で、布団など大物の荷物は鹿児島から宅配便で送っておいたのだが、指定日の間違いで届かず、初日の夜は俺は段ボールの上で寝た。どうでもいい荷物が一個届いたからその段ボール箱を広げて寝たのだ。

寒かった。めちゃめちゃ寒かった。

俺の東京生活はそんなスタートだった。

二、三日経ったある日、車を売りに行った。田舎の感覚でアパートの前の空き地に車を停めて寝たら、起きるとフロントガラスに張り紙が貼られていて、「停めるな月額駐車料金払え、処分するぞ」という意味のことが書いてあった。駐車場代なんて払えないし、まず現金がなかったから、近くの「ガリバー」に行ってワゴンRの即買い取りを頼んだ。

査定額は7万円。軽とはいえ安すぎないか？まだ5万キロも走ってないぞ？と思ったけどそれで手を打った。

とにかく金ができたからそのへんのコンビニに入って雑誌を冷やかしていたら、『Men's egg』が目に留まった。渋谷系男子の間で当時最高とされていた、読モを多数起用したファッション雑誌だ。

開いてパラパラッと見ると、109のメンズ館に入っているブランドの服が俺の目を引いた。カッコいいな、よしここの面接受けてやろう、と思った俺は、ページに記載されていた電話番号にその場で電話をかけた。

「雑誌見て、面接受けたいんす。働かせてください」

と伝えると、明日原宿の本社に来るように言われた。よし原宿か、と思ってその足で和光市駅に行って駅前の証明写真撮影ボックスで写真を撮り、コンビニで買ったばかりの履歴書に手書きで必要事項を書いて写真を貼って完成させて、その日は寝た。

そして翌日。和光市駅から池袋で乗り換えて初めてJR山手線に乗り、原宿駅に降りた。言われた道を言われた目印の通り辿って事務所に着くと、俺以外にも結構な人数の渋谷系男子と言われるチャラチャラした若い男が同じように面接を受けに来ていた。

面接官は3、4人いた。始まってから一人ずつ受け答えをやって、一通り全員終わったところで、俺一人だけ立たされた。

俺は「あ、これ落ちたわ」と思ったが、面接官が「他の人全員帰っていいよ」と言って、俺だけ部屋に残された。

「あれ?どゆこと?」と思っているうちに、「君採用ね。明日から来れる?」と言われ、俺はそのブランドの社員になった。

東京に来てわずか一週間もしないくらいの日のことだった。

給料は超ブラック。でも毎日めちゃ愉しかった

裏原宿系から始まったそのアパレルブランドは、都内の池袋、新宿、渋谷……といったエリアの他、金沢、名古屋、大阪などにも店があった。俺はそのうちの109－2渋谷店に配属された。

入って2ヶ月ぐらいはひたすら畳み（お客さんが広げて見た服や試着した服を畳んで元の棚に戻す作業）と声出しだった。畳みを一日に何百着も毎日やっていたら、店にある服についての基本の事柄は頭に入る。

そうやって畳みと声出しの期間が終わり、自分もお客さんに接客してOKになってからは、俺は個人売上を月450万円ぐらい上げ続けた。全国トップだ。店に恵まれた面は確かにあった。立地的に渋谷店が常に来客数が最多で、渋谷店で一番売れればイコール全国1位だったからだ。

そんな店だから、月400万円ぐらいは売らないとめちゃ怒られた。俺以外

の渋谷店スタッフもめちゃめちゃ売る人間ばっかりで、かなりのハイレベルな競争だった。俺はその中で常に成績上位であり続けた。

ただし、それが給料に反映されたかというとそうではない（笑）。その意味では超ブラック企業だった。売り場に出るための服を社販で買ったら手取りは10万程度。歩合なんてものもない。俺たちクラスの社員は朝9時には店に来て常に通しで終電まで残ってたから、時給換算したら620円ちょいくらいだったろう。今なら最賃法（最低賃金法）違反で一発で労基署（労働基準監督署）に駆け込まれる水準だ。

でも、そんなの関係なかった。毎日がめちゃ愉しかった。「東京に行く」と決めて実行した自分が、東京で自分で見つけた場所で思い切り働いている。渋谷のこの真ん中、最先端の街で、ほんの数ヶ月前まで田舎にいた人間が働いてる、俺の環境こんなに変わったんだ、俺が自分で変えたんだぞ！――と瞬間瞬間で感じながら働いていたから。

ＮＩＮＥの社員にもいつも言うことだが、自分がワクワクしているときって、物事をお金や条件で決めるだろうか？決めないんじゃないか。本当にやりたいことだったり夢中になりたいことだったりに対してはお金で動くよりももっと動けるものがあるじゃないか。

このときの俺がそうだった。第一、最低賃金ってものも知らなかったしな！

人は条件で仕事や物事を決めてしまいがちだが、そんな条件なんかよりも、結局は自分の夢ややりたいことを必死にやってるときが一番ワクワクするものだろ。

初出勤の日、店に入るのに30分かかった

大まかな流れだけ話したら割と最初からイケイケだったみたいだが、実際は壁にぶつかりまくりだった。情けないことも結構あった。

渋谷店へ初出勤した日のことを今も覚えている。

ＪＲ渋谷駅を出た瞬間、えぐかった。１０９メンズ館は駅からすぐ見えてわかったけど、そこに行くまで首がずーっと上を向いていた。鹿児島市でそんな見上げるような高さのビルが林立してるなんてないから、顎が上がったままなのだ。足が地に着かないとはあのことだ。

見るものすべてが「初めまして」。ふわっふわしていた。俺は渋谷という街に圧倒され、「うわーどうしようかな、どうしようかな」と、ここまで来たくせに、目の前のメンズ館に入るまで30分くらいためらっていた。

館に入ってからも圧倒されっぱなしだった。音楽がすごい。店の呼び込みがすごい。今の感じで想像してもらったら困る。もっと渋谷のファッションシーンがとんでもなかった時代のことだから〝圧〟がすごい。俺はその中を6階までエスカレーターで上がって、店に出勤した。

行っても「おー、よく来たねー」なんてない。「お前何しに来たの?」という感じ——ぼろっぼろの服を着ていたからそう思われても無理なかった——で迎えられて、

「ああ、今日からの新人か。そこで声出し」

「え、声出しって何すか」

「そこに立って客を呼び込むんだよ。『いらっしゃいませー!』だ。できんだろ!」

という感じでいきなり働かされた。

終わって帰るときには呼びとめられて、

「お前その服どうにかしろ。他に服ないか。店の服買え」

「金ないっす」

「どうにか工面しろ。後払いでいいから」

と言われた。

俺はおかんに電話して4万円だけ貸してくれるよう頼みこみ、次の日社販で

買った最低限の着数の服を着回して、そこから2ヶ月間、ひたすら呼び込みと畳みを続けた。

始まりの地・第二ふりゅう荘

家から和光市駅までの道も覚えている。その後東京で引っ越しは数々したが、今でも一番覚えているのはやっぱり第二ふりゅう荘での暮らしだ。

ちょっと傾斜した土地に建っているアパートで、敷地を右に出たらすぐ左に向けて上り坂になっていた。その坂道を山一つ越えて、駅まで歩いて25分以上かかった。

途中に家族経営のレンタルビデオ店があって、仕事帰りにはアニメ『ONE PIECE』のDVDを一枚100円で借りて部屋で見た。アパートは電波が入らなくてテレビが映らなかったからだ。

俺はルフィと仲間の冒険を見て、

「よし、東京の仲間つくるぞ」

と自分でボルテージを上げ直し、寝に就く。隣の部屋では顔に100個ぐらいしてるじゃん？って思うくらいの量のピアスをはめたロックンローラーが毎晩弾き語りをする。壁が薄いからそのまま聞こえてくる。勘弁してくれと思いながら、疲れている俺はそのまま寝に落ち、7時になったらまた起きて、アパートを出て山越えの坂道を和光市駅に向けて歩いた。

坂を上るときのなんとも言えない感情を今も覚えている。まだ何者でもない俺という存在を、嫌でも自覚したからだ。

俺にとって第二ふりゅう荘は、東京暮らしの〝始まりの地〟だった。

「帰ってきたらあかん」と言ったおかん

もう一つ白状すると、俺は上京初日、おかんに、

「鹿児島に帰るかもしれん」

と弱音を吐いている。武器がないまま来たことを自覚して恐怖を感じたから。それぐらい怖かったからだ。


今思うとあそこも俺の人生の岐路だった。

「おかんごめん。近々帰る可能性がある」

と俺が電話で言うと、おかんは一言、

「帰ってきたらあかん」

と言った。

「あんたが決めて出たんやろ。お父さんにあそこまで啖呵切って出たんやろ。一ヶ月二ヶ月三ヶ月、居座り！」


もしあのとき、おかんが「ほら〜、あたしが言うた通りやろ。はよ帰ってき」とか言って普通の親みたいに呼び戻していたらどうなっていただろう。

今となってはわからない。とにかくおかんのその一言で俺は肚が決まった。

そして段ボールで寝たのだ。

1年半勤めた店を去る

そのアパレルブランドには計1年半いた。途中、池袋マルイ店にヘルプで3ヶ月ぐらい移ったが、他は全部渋谷店だった。

109メンズ館は屋上が、館で働いている全員のための休憩所になっていた。渋谷の街を見ながら俺はそこで、

「チクショーーー!!」

みたいな感じで叫んだことがある。

毎日ものすごく充実していた。めちゃ愉しかった。けど、溜まっているものはやっぱりあって。都会にはいろんな人がいて、俺は鹿児島の田舎から出て来た人間で、東京の人たちを見て「くっそーーー!!」とか思っていたのか。何が悔しかったのか。何で叫んだのかわからない。

ただ、そのころには今の環境に狭苦しさを感じていた。池袋店に移っている間に俺はIさんというお客さんと知り合い、お仕事の話とか――Iさんは人材派遣系のビジネスをやっていた――を聞いて、俺ももっと東京を楽しめるんじゃないか、と思い始めていた。

アパレル店員もアパレル店員で悪くはなかったが、言ってしまえば自宅と職場を往復するだけの毎日だ。

もっとフリーに、自由に、Iさんみたいに東京を謳歌したい！

そう思った俺は、1年半勤めたその会社を辞めた。俺が辞めると聞いて、俺のファンだったお客さんが男性も女性もいっぱいお別れに来てくれた。

辞めてからはIさんの仕事を手伝ってスカウト系の仕事を1年か1年半ぐらいやった。といっても、飲みの場に行って顔を繋いで話を通してそれが仕事になるみたいな仕事だ。

だから、このころの俺は毎日酒を飲んで遊んでいるだけで、プラップラプラップラしていた。楽しかった。楽しかったけど、「これじゃ駄目だよな」というのはいつも思っていた。

でも、この時代にとにかくいろんな人に会ったことは、今も俺の財産になっていると思う。俺は初めて東京の深い部分に触れた気がした。

2 営業職時代

後潟と鹿児島出身の上京組「気張らん会」

アパレルを辞めてスカウト系の仕事をしていたころ、俺と同じ鹿児島出身の上京組で「気張らん会」というグループを作っていた。現在NINEJAP

ANで副社長を務めている後潟雄哉も会の仲間だった。

会といってもそんな大人数じゃない。男2人、女3人だ。でも、俺にとっては東京でのホームともいえる会だった。こっちは何友達、これは何友達、という感じで他にもいろんな友達がいて、それぞれ──といっても何かしらで被っていた──楽しくやっていたが、気張らん会はやっぱり特別だった。鹿児島から出てきた仲間だったから。


後潟との馴れ初めを先にサラッと紹介しておこう。

俺が18歳で鹿児島市にいたころ、友達と4人くらいで天文館のクラブに遊びに行った。そこで一個上の先輩たちとバチバチの喧嘩になり、俺の友達がコンクリートブロックかなんかでボコボコに殴られた。俺ともう一人の友達は向こうの先輩たちの中に知り合いもいるし、止める側で怪我はなかったが、向こうのボス格の先輩が収まらなくて、誰かに声をかけて仲間を呼んだ。

後潟はその喧嘩になった集団の仲間だった。しかも、たまたまお互いの彼女

が親友同士で、その後何かで会ったときに、

「お前あんときいたよね」

「あ、あんときの」

という感じで知り合ったのが始まりだった。


それから割とすぐ後潟は神戸に行ったし、俺も上京したから関係は途絶えていたが、俺が東京で一旗揚げようと頑張っていたころに後潟も神戸から東京に上京してきて、再び会ったわけだ。

だから関係が深まったのは東京に来てからだ。あの日鹿児島でたまたま相手方で出会ったのが、数年後には東京でＮＩＮＥの志を共有する仲になっているとは、縁というのは不思議なものだ。

TさんとDさん

気張らん会と別のグループに同世代のBというやつがいて、俺はこいつと超仲良しだった。Bの先輩に熊本出身のK先輩という人がいて、ある日、K先輩が俺のことを、自分の仕事の師匠のTさんという人に紹介してくれた。

Tさんは俺より一回り上の年代で、やっぱり長渕が大好きで、すぐに俺を激気に入りしてくれて、「今ウエスティンホテルにいるから遊びに来い」みたいな感じでしょっちゅう電話をくれて、可愛がってくれた。

そのTさんがある日、地元のときからの親友を紹介してやる、と言った。

「そいつは強烈だぞ」

「Tさんより強烈な人いるんすか」

「ああ、俺ぐらい強烈だ。そいつも昔喧嘩が強くてな。中学のときは敵同士だったが、高校からは俺と二人きりで他校に殴り込みをかけたこともある仲だ。親友なんだ」

後で九州つながりで熊本の先輩たちに聞いたら、「あの二人はとんでもなかった」と言っていた。

そしてある夜、俺がK先輩とBと一緒に飲んでいたら、Tさんからの携帯が鳴って、

「今恵比寿で例の親友と一緒にいるから来い」

と言われた。友達も連れて来ていいと言われたからK先輩とBと3人で店に行くと、Dさんを紹介された。

「俺の親友のDだ」

「おう、お前が巧か」

「どうもはじめまして」

俺らは3人ともこんなになって緊張している。TさんもDさんも年齢的にも先

輩だし、二人とも熊本の先輩たちから伝説のように言われていたからだ。

そのうちにTさんがべろべろに酔った。旧友と再会できてうれしかったのか、Dさんに俺を紹介できたのがうれしかったのか。

それで二軒目に行く前にTさんをホテルに帰しに行くことになり、タクシーに5人は乗れないからか、Dさんが、

「お前らホテルまで走れ」

と言った。

恵比寿横丁の辺りからウエスティンホテルまでだから、飲んで食ってした体で走るのは結構キツイ距離だ。けど、言われたら行くしかない。タクシーより遅く着いたら待たせてしまう。3人とも全速力で走った。夜の恵比寿を、エクザイル系の服の若い男どもが、信号も無視してマジでダッシュ。

汗だくでゼエゼエ言いながらホテルに着くと、Dさんは、

「お前らおもろいな。骨あるわ」

と笑った。

それからその店でDさんと少しまとまった話をした。「今何やってんだ」、「何もしてないっすフラフラしてます。自分こんなふうに鹿児島から出て来て」、「お前鹿児島か。おもろいな。また連絡するから来いよ」――。

それで帰るときの会計が80万。Dさんはゴヤールのバッグから財布を出し、200万ぐらい入っている中からあっさり現金で払った。それを見て当時の俺は思った。

「ヤベェ、俺は本物に出会ってしまったかもしれない」

当時の俺の見識なんてそんなもんだった。Dさんはキチッとしたスーツにネクタイ、ビジネスマンらしい清潔感のある短髪、本物のウブロの時計。ベンツに乗って、当時は運転手も使っていた。後にこの人の女々しい部分を知って俺はこの人から離れることになるのだが、このときはなんとも言えないオーラに一発でやられてしまった。

実際、Dさんは人を惹きつける力というかオーラをものすごく持っていた。

俺が今若い子たちから、

「大園社長と会うと今の勤め先辞めてNINEに入りたくなります」

と言われたりするのは、人を自分の側に引き込む力をDさんに学んだことが大きいと思う。この人と付き合ったらすごい学びがあるんだろうな、もっと知りたいな、と思わせる雰囲気がある人だった。

その後もDさんは学芸大学あたりで高級焼肉をおごってくれたりして、「これからどうしたいんだ？」というような話もして、たびたび電話をくれるようになった。

〈ターニングポイント1、昼職への道が拓けた六本木の夜〉

予感

そしてある日の夜。

あの日のことは今も忘れない。夏だった。その夜も俺はいつも通り仲間と飲んでいた。

Dさんからの携帯が鳴った。

「今何してる」

「仲間と飲んでます」

「今から来い。一人で」

「え、一人っすか」

そのときは多分後潟はいなかったと思う。BとK先輩とだったはずだ。

「どこ行くの」とBが聞いた。

「Dさんから呼ばれた」

「え、じゃあみんなで行く？」

「今回一人で呼ばれたんだよね」

「なんかヤバいんじゃね？」

それから俺は指定された六本木のクラブに行った。今も鮮明に覚えているが、当時の俺は髪は金髪でカチ上げ、青のストライプのジャケットに黒のパンツ。いかにも六本木、渋谷あたりにいるような風貌だった。その格好のままとりあえず急いでクラブに着くと、Dさんがテーブルにいて、初めて見る小柄だけどすごくオーラを放つ男性がソファにどーんと座っていた。

Dさんが俺を見て言った。

「挨拶しろ」

「はじめまして。大園巧です」

その男性はソファに座ったまま片手で名刺を俺に示して、

「Nや」

と言った。なんとも言えない溜めがその間にあった。

後で知ることになるのだが、Nさんは、誰もが知る上場会社J社の元代表取締役を務めたほどのやり手社長だった。

そのNさんが言った。

「お前、やる気あるか」

「やる気しかないっす」

「明日面接に来れるか」

「どこにですか」

「うちの会社や。昼職やで。太陽光投資って知ってるか」

「いや、わかんないっす」

「営業やれ」

やり取りをDさんがじっと見ている。そして言った。

「巧、どうする」

俺は二つ返事で、

「やります」

と答えた。


後でNさんに聞いたら、Nさんはその夜がDさんとの初めての会食だったらしい。Dさんは当時、後に社長になる不動産会社の副社長をしていて、太陽光発電投資の販売・施工会社社長だったNさんとこれからビジネスを始めるところだった。

二軒目の店とはいえ、そんな大事な会食の場にいきなり、ちゃらんぽらんな格好をした初対面の若い男をどういうつもりで呼んだのか。

どうもそれまでにDさんはNさんに、

「骨のある男が一人いるんです。Nさんのところでいっぱしの営業に育ててやってくれませんか」

という相談をしていたらしいのだ。

そんな話があったとはツユ知らない俺は、明日この金髪のまま昼職の会社に面接に行くのはヤバいと思って、その足で六本木にあるドンキに黒染めを買いに走った。人生が変わる気がしたからだ。

プラプラ飲み歩いている自分がずっと嫌で、何か没頭できるもの、自分自身が変われるものはなんだろう、などということを思うだけの日々を過ごしていた俺は、このとき、

「ここだ、ここだ!来た!」

と予感みたいなものを感じた。

家に帰って風呂場で髪を黒に染めて、でも、その夜は一睡もできなかった。10時に恵比寿の会社に来いと言われていたけど7時半には会社のビルの前にいた。どうせ眠れないから完徹で行ったのだ。

報告の意味でDさんに「今います」と電話したら、

「早すぎだろお前。何時と思ってんだ」

と言われた。

「いや、でも、とりあえずいるんで」

と言ってそれからずーっと待っていた。

今考えるとそれも失礼だが、そのときは自分で人生を変えようと思い飛び込んだからこそ、やる気だけはあったんだ。

10時ぐらいになるとNさんが現れて、「上来い」と言って俺をオフィスに上げてくれた。

「金髪やめたのか」

「まだ変えてないです。染めてます」

「お前やる気あるか」

「あります」

「よしじゃあ固定給10万だ。あと歩合だ」

「ありがとうございます」

秒で採用。即決だった。


その日から俺の生活は一気に変わった。

昼すぎに起きて、ふらふらして夜から友達と集まって、朝までみんなで飲んで、という毎日だったのが、六本木のクラブに呼ばれたその電話一本を境に、朝8時に起きて夜12時くらいまで働く毎日に強制的に変えられた。

それまでの友達たちとはまったく会えなくなった。俺がいつもみんなに声をかけて集まり、たくさんの友達を引き合わせていたから、連れは急にびっくりしたし、寂しかったはずだ。

気張らん会の女の子たちも「最近たくちゃんが付き合い悪い」と涙して言うくらい、全く会えなくなった。

しかし、みんなは、

「巧は今頑張ってるんだ。応援しよう」

と言ってくれていたようだ。その思いも俺はわかっていたから、必死で頑張ろうと決意していた。

それが確か2013年。俺が23歳になりたてのころだった。

―E社時代―

Nさんという人

俺はそれからNさんの会社で1年半の間お世話になった。

働き始めてからわかったことだが、Nさんはとにかく破天荒というか、無茶苦茶な人だった。ホラ吹きで女好き。金は入ったらすべて使う。自分を大きく見せてくれるものなら何でも取り入れる。とにかく普段からデカいことを言う。

むしろデカいことしか言わない。俺の親父は銀行の頭取だ、みたいなことを商談でも平気で言うぐらい、図太い人。

そして時々、超特大ホームランを打ってくる。俺が入った当初はまだ年間5億から10億売り上げるかどうかぐらいの会社だったが、最終的に俺が辞めたぐらいの頃にはE社は年に30億以上売り上げるぐらいにまでなってたはずだ。デカくしたのはNさんだから、それだけでも大したものだ。

Nさんの営業スタンスは俺には真似できないし、しようとも思わない。

ただ、Nさんを見ていて思ったのは、

「人って、見栄を張っててもそれが現実になればいいんだな。見栄を張るのも自分を鼓舞するパフォーマンスで、それに自分が追いつかなかったらダサいけど、追いつけば見栄も含めてかっけーんだな」

ということだった。


Nさんは今も時々電話をくれる。詳しくは後で話すが、俺が1年半働いて辞

めるときには、

「もうええわ！お前なんかどこでも行けえ！」

ぐらいの剣幕で別れたのだが、しばらくしたら、

「巧ー、悪かったなぁー」

みたいな感じで電話をかけてくる人。かけられる人だ。ある意味可愛いというか、俺は今でもNさんは好きだし、Nさんも俺を好いてくれている。

〈ターニングポイント2、「こいつらよりいい会社を作る」と決めた札幌の夜〉

Dさんの豹変

1年半の間にはいろんなことがあった。
中でも一番強烈なのが初っ端だった。

入社して一週間後、俺はNさんと一緒に札幌に行った。Dさんが扱っている物件が札幌にたくさんあって、その物件に太陽光投資を付けるというので俺を指名で担当につかせてくれていたのだ。それで札幌出張に行った。
札幌にはDさんも来ていた。札幌支店の人なのか、Dさんの部下も何人かいて、その夜は市内の高級料亭で会食になった。

俺はまだちゃらんぽらんが抜けないままで、出される料理を、

「うま！」

とか言いながら食べていた。「美味しいですね」じゃない、「うま！」だ（笑）。今思うとそういうのも、Dさん、Nさん、特にDさんは気に入らなかったのかもしれない。

料亭での会食が終わり、二軒目に行こうということになった。すすきののキャバクラにタクシーを3台ぐらいバーン！と横づけして、お姉さんに迎えられてドヤドヤドヤドヤーッと店に入る。「かっけえな〜、昼職の営業ってこうなんだな〜」と思った。ついこの前までふらふらしてるだけだった人間が、呼ばれて行ったら昼職の会社に入れて、一週間後にはもうこうやって、こういうすごい社長たちと一緒に遊ばせてもらってる。最高じゃん、と思った。

思ったのはそこまでだった。

店に入ってお姉さんたちが席に着きに来ると、Dさん主導で超絶説教が始まった。俺はみんなが見てる前で二人の前に座らされて、

「お前は甘いんだよ！」

とか、

「社会ってのはなあ！」

とかから始まって、名刺の渡し方が悪いとか言葉がなってないとか、新社会人が言われそうなことを一通り全部ネタにされ、罵声を浴びせられた。

「ちゃんとやれやーー！」

と怒鳴りながらおしぼりを顔に投げつけられもした。この前まで俺のことを「お前骨があるな」「おもろいな」「目をかけるぞ」と持ち上げてくれた人が、「お前はカスだ」ぐらいの勢いで落としてきた。

俺はムカつき過ぎて訳がわからなくなった。俺を嫌いで言ってるんじゃないことは感じる。けど、これはナンダ⁉ナンデコウナッテルンダ⁉

やがてDさんがマイクを握って歌い始めた。尾崎豊の『シェリー』。俺はな

おさら訳がわからなくなり、少し泣いてしまった。

それから深夜1時過ぎぐらいになり、お会計をして帰るとき。Dさんが俺を呼んで、

「巧、これで払ってこい」

とクラッチバッグを俺に渡した。見たら400万ぐらい入っている。お会計は150万。Dさんがわざと俺に見させたことはすぐにわかった。

そのとき俺は、「人はお金でこんなにも力を持つのか」と思った。場にいた部下の人たちはお追従しか言わないし、店の女の子たちも、来て1時間以上説教しかしない客に嫌な顔も見せず、「社っ長〜♪」みたいに言っている。Nさんはご満悦でふんぞり返っている。

金ってすごいな、金を持ってたら人はこんなになるんだな、俺はこれからこんな世界でやっていくのか——。

そう思うと、せっかく覚悟を決めて前を向いた気持ちが切れそうだった。

でも、その夜の俺に今の俺が何か言葉をかけてあげるとしたら、「よくやった」だ。

「よく我慢した！よく手を出さずに耐えたな！」だ。

それまでの俺だったらブチ切れて暴れていたはずだ。ただ、ムカつき過ぎてどうにかなりそうになるなかでも、

「ここで手を出したら終わりだ。ここで殴ったら今までと何も変わらない。ここで殴るのはもう違うんだ」

ということだけはわかった。

そしてDさんの部下たちにも「社会は厳しいよ、会社は甘くないよ」などと言われて、なぜ今日初めて会ったやつで、人として人間としても尊敬できないやつらに、今俺はこんなことを言われてるんだと思うと、自分の小ささに呆れてしまった。

何が「社会は厳しいよ」だ、何が「会社は甘くないよ」だ。それはただただ、社会人という名の大人ぶったやつらがふんぞりかえって、若い俺に指導して驕

ってるだけだろ、と心から思っていた。

でも、俺はこんなやつらとは違う。サラリーマンというものの常識を俺は知らないが、俺は一筋縄じゃいかねえ。俺は昼職でやっていくと決めたんだ、営業としていっぱしになるって自分で決めたんだ、ここで終わるわけにいかない、と決めた。

今思ったら、DさんもDさんで酷かったが、初めての営業職で知識も常識もマナーも何もないままの俺も酷かった。世の中で言われている常識？ができていなかったわけだから。

営業に行った相手先で誰より先に、それこそ社長のNさんより先に名刺を渡すぐらい、俺は社会人として何も知らなかった。普通のスーツを持ってなかったからホストみたいな色と柄のスーツで、社長より先に名刺交換しに来る社員なんて、相手からしたら奇異以外の何物でもなかっただろう。

俺は、一週間サラリーマンとして勤務したストレスがギリギリまで溜まっていた。相手のそんな視線だけは感じながら、でも原因がわからずに、誰にも説明してもらえずに、一人で気だけ張って一週間過ごしたら、そのストレスは半端じゃなかっただろうからな……。

1時間泣き続けた夜、独立を誓った

そして2時ぐらいにホテルの部屋に戻ったが、どうにも気持ちが収まらない。ムカつきがすご過ぎてマジでどうにかなりそうだった。発散されない憤りが溜まっているのがわかる。体がわなわな震えている。

俺は携帯を持ち、何ヶ月か振りにおかんに電話した。一緒にいる時間を取らなくなった友達に愚痴を言うのも違う気がして、おかんにかけたのだ。寝ているかもしれないが、起きていたら、

「おかんちょい聞いてくれや!今日上司がよう、ムカつくわ!」

とか言って吐き出そうと思ったのだ。

リリリリリ、リリリリリ……。コールが数回鳴り、おかんが出て、言った。

「もしもし？」

その瞬間だ。俺の目から涙があふれ出した。ぶわーーっと。

訳がわからなかった。言葉が出ない。何もしゃべれない。ただただ涙が止まらない。俺は携帯を耳に当てたその姿勢のまま1時間泣き続けた。一言もしゃべれなかった。

おかんは黙って聞いていた。1時間ずーーっと。最後まで何も聞かず、何も話さず。ただ黙って電話口の向こうで、俺が泣くのを聞いていた。

1時間後、俺はやっと一言、

「もう寝るわ」

と言った。おかんは、

「明日も頑張りなさい」

とだけ言った。俺は電話を切った。会話はそれだけだった。

その時に俺は誓った。

「必ず独立してやる。二度とあいつらに文句は言わせねえ。必ず独立してあいつらよりいい会社を作ってやる。だから今は歯を食いしばってでも血反吐を吐いてでも、あいつらの持ってる知識とかノウハウとか全部盗んで吸収してやる」

「そして社長になっても絶対あいつらみたいな社長にはならねえ。社会はどうだの、甘くないだの、お金のあるなしで喋る言葉を変えるだの、そんなことよりも、本当の仲間として一人の人間として社員を迎えるんだ」

そして「26歳までに独立する」と自分で期限を決めた。俺は23歳になっていた。


あの夜のことは今もマジで忘れない。

おかんは「あの1時間の日があったから今のあんたがあるんじゃないか」と今も言ってくる。けど、おかんは何があって俺が泣いたかは今も知らない。その後も聞いてこなかったし、俺も話さなかったからだ。今回初めて「そういうことがあったのね」と知ると思う。

この札幌の夜の話と同じく人に語っていない話が、以降もこの本にはいくつか出てくる。皆さんには、

「ああ、あの時の巧のあれはそういうことだったんだ」

と思って読んでもらえたらうれしいです。

E社での日々

一度東京へ帰ってしばらくしてまた札幌の物件を見にいくことになった俺は、それから約1ヶ月間程を札幌で過ごした。

夏だった。俺は暑いなかで一人、計画指示書に従って、太陽光発電の設備を付けるため札幌市内のビルに寸法を測りに上った。太陽光パネルは建物の外壁や屋根に設置するから、寸法をとるとなると外を梯子で上がることになる。一

日に何階ぶんも梯子で上り下りするから腕も脚もパンパンになった。1ヶ月の間に合計30棟から40棟上っただろうか。それが俺のNさんの会社——イニシャルでE社としておこう——での初仕事だった。

Nさんのところには1年半お世話になった。ただ、後半は毎日「俺の仕事って何だろう」と考えていた。

確かに営業もやっているが、Nさんの運転手兼カバン持ちもいつまで経ってもやらされたし、Sさんという営業部長がアル中で、夕方6時になったら俺を連れてクラブとかに飲みに行きたがる。Nさんも夜の遊びが大好きな人だから、俺は毎晩、本当に毎日毎晩、六本木だ銀座だ、と連れ回された。

しかも、二人で俺を取り合いながらだ。というのは、当時俺は外見もそうだけどモテたし、夜の女性の知り合いも多くいたから、俺を連れて行って「こいつも来るよ」と言えば女の子たちをアフターに誘うことができたからだ。

俺はそういうのも嫌だったたし、もっと本気で営業というものを勉強したかっ

た。にもかかわらずあまりに毎日それぱっかりだったから、疲れ果てて、1年半が経ったころ、ついに、

「てめえふざけんな。いつまでお前に付き合わなきゃいけねえんだよ！」

と、Sさんに切れた。Sさんは会社の売上は相当上げていたし、俺はSさんにもたくさんお世話になっていた。助けてもらったことも多くある。けど、日々飲みに付き合わされるのにも限界がきていた。

また、そのころには会社の内部事情も少し変になっていた。

Nさんの会社にはもう一人、Fさんという人がいて、頭も切れるし、人としてもものすごい人で、それこそNさんを掌の上で転がせるぐらいだったが、そのころNさんはFさんに知れるとよろしくない取引を始めていた。しかも、俺もいつのまにか役員の側近にさせられて、知らないうちに巻き込まれそうになっていた。

E社を退職

本気で働いた1年半だった。俺は本気で営業職を極めたくてこの会社に入った。なのに、この会社ではそれができない——そう思って毎日悶々としていた

ある日、Dさんから電話があった。

「おう、最近どうだ」

俺はその頃はもう太陽光でもそれなりに自分で営業して成績を出していたが、

「いや、ちょっと仕事にならないっす」

と答えた。Dさんが言った。

「じゃ、うちに来いよ」

「いや、ちょっとそれは。Dさんのもとでは働けないっすね」

「は?なんでお前、俺のとこじゃ駄目なんだよ」

「いや怖いっすね。まだ自分、営業として結果出せる人間になってるかわかん

ないんで」

「大丈夫だよ今のお前だったら大丈夫だよ。来いよ」


そのときは「ちょっと時間ください」と言って電話を切ったが、また数日経って電話があり、今度は、

「おい巧、温泉行くぞ」

と誘われた。「あの件の返事聞かせてもらおうか」じゃない。「温泉行くぞ」だ。わざと搦め手から来る人なのだ。


当時、Dさんは地元時代の同級生たちと一緒に「D会」みたいな名前の男旅のグループを作っていて、「次の行き先が箱根温泉に決まったからお前も来い」ということだった。

「それってDさんの会ですよね」

「そうだぞ?」

「Dさんの同級生しかいないじゃないですか」

「そうだぞ？ お前は来ないのか？」

「俺同級生じゃないっすよ」

「お前はいいんだよ。来いよ」

俺は仕方なく参加して、温泉に浸かり、夜は浴衣を着て街歩きに付き合った。飯を食った後のスナックでDさんはまた『シェリー』を歌ったが、このときは俺は何も響かなかった。ただ「いいっすね」とか言って適当に話を合わせていた。

そうしたら、Dさんがにじり寄ってきて、満を持したふうに、

「巧、うち来い」

と言ってきた。今回は電話じゃなく直接会っている。だからプッシュの圧がすごかったが、俺は「いやー、ちょっとわかんないすね」とか言って、その夜はなんとかやり過ごした。

そして翌日。宿を出発して帰る車のなかで、最後の猛プッシュにあった。

「巧、来いって！」

「いやー、わかんないすね。ぼくも行きたいんすけどやっぱりNさんだったりFさんだったり、すごいお世話になってるんで」

「いや、もう、ええって！来いって！」

俺はどうしようか考えたが、このまま今の会社にいても営業として成長できないし、Fさんの知らないところでNさん、Sさんがお金を動かしている感じも嫌だったから、最終的には折れて、E社を出る決意をした。


Fさんに電話でそのことを伝えると、Fさんはじっと聞いてくれた後で、

「タク、今の会社におってもあれかもな……。わかった。よう頑張ったな」

と言ってくれた。「悪かったな」とも言ってくれた。情けの厚い人なのだ。

「タク、これからどうするんや」

「A社に行こうと思います」

「やっぱりそうか……。Dのところや」

「はい。今Dさんから声がかかってて」

Fさんは少し間をおいて、

「そうか……、行け！俺とお前の付き合いは一生や。行ってこい！NとSはこっちで何とかしとくわ。俺も怒らないけんことたくさんあるからな。明日からもう巧は違う人生歩め。何かあったらいつでも連絡してこい」

そう言ってくれた。

そして翌日、俺はDさんとNさんに電話して正式に去就を伝えた。

Dさんは、

「マジかー！オッケーわかったー！」

という感じで喜んだ。俺は月明け頭からお世話になることを伝えた。

続いてNさんに電話をかけると、Fさんから先に聞かされていたようで、出るなりブチ切れられた。

「お前どこやー！Fちゃんに聞いたけど、辞めるんかー！」

「すみません」

「あーそうか！もうええわ！（ブツッ！ツー、ツー）」

こうして俺の営業マン初の社会人生活は終わった。

ちなみに、そんな別れ方をしても、Nさんは今も、

「たくみー。飯でも行かんかー。ほんま助けてよー」

と言って電話をくれることもある。先にも話した通り、人として可愛いというか、素直というか、それができる人なのだ。

だから俺は、今はNさんに対して腹に思っていることは何もない。ついこのあいだもFさんNさんと3人でゴルフコースを回った。そんな付き合いだ。

Fさんに関しては、今も俺に本当に良くしてくれて、NINEの役員、社員たちも一緒に食事に連れて行ってくれるほどのお付き合いもして下さっている。

Fさんは社員に向けて、

「タクは骨がある。こいつに付いてたら間違いないわ。タクを頼んだで」

と言ってくれるほど、俺たちの会社のことも応援してくれている。

「お前が困ったら3億くらいならいつでも貸してやる」

といつも言ってくれるくらいだ。もちろん3億も借りたことはないが、目をかけて下さって本当にありがたいと思っている。

俺が経営者になっている今もいつも声をかけてくれるFさんは、今でも俺にとって大きな存在だ。これからも俺が行く道を応援してくれる頼れる存在だと思っている。

――A社時代――

Dさんの会社に入社

昼職の社会人になって1年半後。俺はDさんの会社に入った。

先に話しておくと、Dさんは俺が入る前はまだ副社長で、俺の在職中に社長になった。そして俺はこの会社――こちらもイニシャルでA社としよう――も1年半で退職することになる。

一つは、独立すると決めたリミットの26歳まで1年半だったこと。

そしてもう一つは、中に入るとDさんの本性が見えてきて、1年少し経つころにはもう、こんな女々しい人のところにいたくないと思うようになっていたからだ。

ただし、このことは強調しておかないといけないが、俺のDさんに感謝する気持ちは、Dさんと離れてからもまったく変わっていない。

Dさんとの出会いは俺にとってデカかった。東京に来てからは一番大きい出会いだったんじゃないか。「本気で人生を変えるつもりなら昼職をやれ」と言ってくれたのもDさんだったし、実際その道に導いてくれたのもDさんだった。人を惹きつける力とか、人の気持ちに火をつけるのが上手かったところとかは今も尊敬している。その評価が俺の中で下がることはない。

Dさんの会社は投資向け不動産の売買仲介業をやっていた。

仕事の流れをざっくり言えば、地付きの不動産会社さんとかを回って物件を仕入れ、業界用語で〝磨く〟という、要は付加価値を付ける作業をして、銀行のファイナンスを付けて投資家さんに収益物件として販売する。

それも戸建てとかじゃない、レジデンスマンションの一棟買いを仲介したりしたから、億単位の仕事だ。

その仕事で、俺は入社して約半年の間、一件も契約がとれなかった。

あれだけ猛プッシュを受けてDさんの紹介で鳴り物入りで入社したくせに、半年間坊主。俺はそれがめちゃくちゃ恥ずかしく、悔しかった。だから、

「欲しがりません　勝つまでは」

の標語をパソコンのデスクトップの待ち受けにした。そして誰よりも仕事をした。和光、神奈川、藤沢、厚木……他の社員の誰よりもいろんなところに行きまくった。休みの日も休むことなくだ。不動産会社さんを訪ね歩き、「いい物件ないですか」と声をかけまくった。プライベートで歩いてるときも、不動

産会社が開いていれば飛び込んだ。とにかく結果を出そう、出そうと必死だった。

6ヶ月目までにもし契約がとれなかったら

そのとき俺はDさんに一つ約束をしていた。俺が入った月から7ヶ月目にちょうどバリ島への社員旅行が予定されていたが、もし6ヶ月終わるまでに契約がとれなかったら俺は社員旅行には行きません、と言ったのだ。それだとただの給料泥棒だから、というのが俺の中での理由だった。

その約束をDさんに伝えたら、Dさんは、

「あーそうかそうか」

ぐらいの感じで、まるっきり塩対応だった。

そもそも初出社の日からDさんは冷たかった。俺を見る顔が今までと別人みたいに変わっていた。あんなに熱心に口説いていたのが、自分のところの社員になった途端、完全に上から見下ろしてくる態度になった。

俺はその態度にムカついていたこともあり、絶対にDさんを見返してやると思って、自分の結果を出すことばかり考えていた。

革命の狼煙

けど、そのスタンスこそが間違っていたことに途中で気が付いた。

「本当にお客様のことを考えていたらもっと違う角度でアプローチでき、社内の他工程の担当者とももっと上手く連携がとれて、結果的にもっと早く成約に繋がっていたはずだ」と。

気付くことができたのは、直属の上司だったTさんという人がきっかけだった。

入って4ヶ月目か5ヶ月目のある日、俺は、俺が今でも兄貴と呼ぶそのTさんと一緒に、タクシーで移動していた。

タクシーの中で俺は、26歳で独立して起業すると決めていること、それまでの勉強のつもりでA社に来たこと、Dさんも時期はともかく独立の意志はたぶん知っていることを兄貴に話した。

入社から5ヶ月タコの新人が先輩社員にそれを言うのだ。普通だったらブチ切れるか、馬鹿にするか、呆れて見放すかのどれかだろう。

でも、Tさんは俺のことを馬鹿にせず、否定もせず、

「いい意気込みだ。けど、うちで結果を出してからそれをやらないとな」

と諭してくれた。愛情深く。丁寧に。

Tさんは今までの先輩とは違って、俺の目標をちゃんと応援してくれる存在で、今思えば、その環境が俺の思考を変えてくれたのだ。それまでの俺は、何くそ！やってやる！みたいなのが強すぎて、自分の目標達成のためだけの仕事になっていた。

そのときに俺は思った。「26で起業するまであと1年しかない。マジでスピ

ードを上げて自分はここで本当に変わらないと、今のまま独立してもあんなやつが上手く行くはずがないと周りに笑われるだけだ」と。

当時俺は、まだ24歳で、20万円以上の家賃の家に住んでいた。基本給は20万円程、他は歩合だ。稼がないと家賃も払えねえ。

でも、金もいらん、何もいらん、俺は営業マンとして、どんな営業マンがお客様にとって一番いいのか、それだけを考えるようになっていった。

俺がそのモードに入ったら強いことは俺自身がわかっていた。そこも本気の戦いだったから。

それからは行動をとにかく改めた。お客様のために本当に何が必要か、お客様は何がどうなっているとうれしいかをめちゃくちゃ考えた。他工程を担当してくれている社員にも、常に「ありがとう」と声をかけ、感謝を表すようにした。

俺は心から自分自身を見直した。インナーブランディングを強化しようと思った。

人として人間として、俺は今、助けてくれてる社員に、仲間に、感謝できているのか。

お客様のことを考えて心から良いもの、価値提供、未来の提案をするために動けているのか。

心からそう問いかけた。だから俺は、思考を変えることをとにかく意識した。

それをし始めたら、今まで俺がいかに自分中心に考えたお仕事をしてしまっていたかが自分でよくわかった。

自分だけのためにする仕事っていうのは、いかに卑屈で、簡単に愚痴に変わり、ネガティブか。そのことに気付かされた大事な時期だった。

俺はますます真剣に仕事に取り組んだ。周りにいる社員のために、お客様のために。そして、関わってくれている取引先のために。

金はいらねーから俺という人間を知ってもらう。これに注力した。

そして約束の6ヶ月目。ようやく初成約がとれた。兄貴と一緒に磨いた物件だ。売上は1億5000万円ぐらい。確か、横浜にある物件だった。

このときに自分は何をつかんだのかな、何が本当に必要だったのかな、と思ったら、

自分の成績を一番に考えること――〝じゃなかった〟んだよ！

営業は自分に都合の良いときだけ連絡し、都合が悪くなったら連絡しないやつも多いが、ご縁をどれだけ心底大切にし、細部に気を配るか。俺はそれを気配りではなく、心配りだと思ったんだ。

小さなありがとうが積もれば大きなありがとうになる。
人からありがとうと言われる数が、自分の人間力＝収入なんだ。
仕入先の不動産会社さん、お客様、ファイナンスを付けてくれる銀行さん、社内で連携してくれる同僚……その人たちの喜びが先だ！自分の成績は後から自ずと付いてくる！

お金を前に置くな。人を前に置くんだ！

――これらのことを俺は強烈に理解した。だからこそ、このときのことはNINE JAPANでの研修でも必ず社員に伝えている。

それが俺の〝革命〟の始まりだった。

ポジションに入るということ

A社は毎週1回社内会議を行っていた。営業が各自の物件を提出し、進捗を報告し、Dさんがどの物件を進めるかを決める。

俺はここが主戦場だと見定めた。この会議でどんなプレゼンをするかが俺の勝負だ。

そこで俺は、会議におけるポジション取りを考えた。Dさんはまだ俺の持ってくる物件を評価していない。5ヶ月タコだったから当たり前といえば当たり前だが、俺の物件が本当にダイヤモンドだったら、嫌でも評価せざるを得なくなるだろう。

俺はそこのポジションに入ろうと決めた。

具体的には、先輩社員たちの物件の問題点を会議の場で指摘した。もともと俺からしたら全然良くない磨き足りない物件が、Dさんの機嫌一つで採用されたりされなかったりしていた。だから、中身の勝負で勝てる物件を目立つように会議の場にぶち込めば、絶対に決まると思ったのだ。

会議が始まる。先輩たちがプレゼンをする。そこで俺が言う。

「え、でもこの物件って、ここがすごく問題ですけど、会社にもお客様にもリスクありますが、大丈夫なんですか」

Dさんが言う。

「ああ、確かになあ。じゃ、他にいい物件あんのか」

「ありますよ。これ」

そこでバーンと出したのがその初成約の次の物件だった。この物件は、誰にも文句の付けようのない超優良物件に磨き上げていた。

でも、俺の物件だからDさんはめちゃくちゃ厳しく審査する。他の社員の物件だったらスルーするところまで細かく。「ここはどうなんだ」「ここ弱いんじゃねえのか」——突っ込みの連続だ。

それらに対して俺は、

「大丈夫ですよ。ここはこうでこうなってて」

と説明して全部つぶしていく。そして最終的にDさんが、

「ほーぅ……。いいなぁ。じゃあこの巧の物件進めろ」

と言った。そうやって初めて社内プレゼンを通過して、お客様にご案内できたのだ。

怒涛の売上

この物件を機に俺は完全に覚醒した。

自分で営業の思考を腑に落としまくっていたから、俺はこのとき、お世話に

なってる先輩たちに、

「見ててください。これから革命を起こします」

と宣言した。取引先の皆さんにも電話をかけまくって同じ宣言を伝えた。

そのうちに某信用金庫の職員の方と繋がりができた。ちょうどその信用金庫が資産流動化事業に進出したタイミングだったから、俺はその職員さんをガッチリつかまえて、俺の物件でグイグイ業績を上げさせた。

そこからの俺の物件は6億円、5億円、8億円、10億円、そしてまた5億円。立て続けだ。会社の売上高1位を何度も一人で更新した。ちなみに、その信用金庫の職員さんはそのときの成績が評価されたのだろう、俺がA社を辞めた後、最終的に支店長まで昇進したと聞いている。


それからは俺の物件に対するDさんの態度が変わった。

「巧の物件はヤバすぎる。これほど売上を上げてくるやつはいねえ。5億円以上の物件を持ってきて仕上げてくる。ルートもバッチリだ。仕入先も巧だから売るって人ばっかだし、マジで強い」

そして会議の場では、

「巧、いい物件ねえか」

と俺に真っ先に聞いてくるようになった。他の社員も俺の物件を毎週待っているような状態だった。実際に俺ぐらい強いルート、太いルートで持ってくる営業は他にいなかったし、そのために俺ぐらい仕入先も業者さんたちのところも訪ね歩き回っている営業は他にいなかった。


革命を始めてから、俺は通算で総額50億円相当を売り上げた。

もちろん俺一人の力じゃない。初めて本当の営業というものを教わった、磨きの実務を担当してくれた社員。俺を信用してくれたお取引先の皆さん。全員に背中を押されて上げた売上だ。今も本当にみんなに感謝している。


そして25歳と数ヶ月目になる頃。10億円の物件の決済が下り、俺は「打ち切りだな」と思った。もう26歳になる。独立する時が来た。これを最後にしよう――。

そう思っていると、「いい物件ありますよ」と新規の話が来た。

3億円ぐらいの物件だったが、太いルートからだし、精査したらとんでもないダイヤモンドで、磨けばお客様の利回りもかなりよく、優良物件。ましてや、会社にも粗利だけで3000万円ぐらい見込めそうだった。

俺はこれをほんとの最後の最後にして、会社への置き土産に代えようと決めた。

去り際の美学、別れ際の美学

俺が置き土産にこだわったのは「去り際の美学」を意識したからだ。

俺は常々、その人の本当の人間性は別れ際とか去り際に出るものだと思っている。

会社でいえば、「ああ、この人と出会えて良かったな。お世話になってありがたかったな」と思えるような別れ方を社員にさせてあげるのも、上に立つ者の務めじゃないか。

俺がＮＩＮＥを創業してからも何人かの社員が辞めていった。

もちろんもっと育ててやりたかった気持ちも未だに大いにあるし、悔しく思うことが多い。

俺は未だに、辞めていった全員の退職届けを、自分が一番触る引き出しにしまっている。

なぜそんなことをするのか。たくさんの社員が頑張ってＮＩＮＥを作ってくれたからこそ、みんなが最後に辞めたときの気持ちを忘れないようにするためだ。見ると寂しくなるときももちろんあるが、自分への見せしめだと思っている。

それだけではない。

俺の研修を受けるうちに自分が本当にやりたいことが見つかった、とか、諦めていた夢にもう一度挑戦したくなった、とかの理由で辞めていく子がNINEには多い。

それは、いわば〝巣立ち〟だ。

別れは出会いとセットだと俺は思う。別れ際の美学を通すからこそ次の出会いもやってくる。

だから、上司に当たる社員たちにはいつも、

「辞めていく人のことは温かく見守ってやろう」

と話している。せっかくここまで育てたのに、と思う気持ちはあるだろう。けど、それはそれ、これはこれだ。社員には一人ひとりいろんな価値観があり夢があり、だからいろんな仕事にチャレンジしていくわけで、羽ばたこうとする人間をずっと自分のもとに引き留めることは無理だろうと俺は思っている。

自分も26歳で起業するという目標があったからこそ、今があると思っているから、社員の夢を一番に考え、その気持ちを優先する言葉を投げている。でも、

その背中を押すタイミングも重要だ。このまま送り出してもうまくいかないと思ったときは、うちでもっと成長してから安心して送り出せるよう導くこともある。

だからこそ、俺たちは、精一杯考えて社員を成長させられる環境を作ることを怠ったらいけないんだ。できれば共に戦い、成長し、生涯仲間でありたいといつも思っていることだけは、辞めていった社員たちも、この本を読んでくれている人たちも、忘れないでほしい。

俺は昔、誰からだったか忘れたが、

「君がいるこの仕事場所、こんな立地で君の机の幅だけでもいくらかかってると思っている？」

と言われたこともある。

会社がそれを言ってどうなる、そんなことを言って社員のモチベーションを下げる必要があるのか⁉と俺は思った。

別れは必ず来るだろう、でも、いろんな社員との出会いもまたあるだろう。

だから、そのときが来ても拗ねたり僻んだりせず、笑顔で「頑張れよ！」と応援して送り出せるようでありたい。俺自身はそれをしてもらえずに嫌な思いをしたから、なおさら、NINE JAPANの子たちにはそうしてあげたいと思っている。

俺は、一度関わった以上はずっと、離れても再会したときにはいつでも話を聞いてやれる、その子の唯一無二の社長でいたいと思っている。そして今もなお、NINEの仲間たちのことは、たとえ俺が朽ち果てたとしても、命を削ってでも、守ってやりたいと強く思っている。

A社を退職

その最後の最後の物件が成約して、最終決済が下りる日の前日。俺はDさんに電話した。

「すいません。今度の物件を最後に退職します」

Dさんは予想通り、

「あ？ ふざけんなお前」

という反応だった。俺は、

「いや、すいません。独立します」

と言って折れなかった。

そして翌日、決済が下りて全部終わると同時に、俺は辞表を提出した。

＊

俺は最後のころはもうDさんの女々しい部分を見すぎて知りすぎて、A社にいることが嫌になっていた。

本人の名誉のため全部は話さないが、俺にとって決定打になったエピソードを一つだけ回想させてもらう。

ある時期、Dさんのお気に入りの社員が地方の支店にいた。その地方から東京の俺たち営業がとってくる契約書等のチェックも担当していた。俺はその頃はもうトップ営業マンで、仕事が多い日に残業で残ったりすると、その社員も残って手伝ってくれた。俺はちゃんと「ありがとうございます」とお礼を言って感謝していた。

そしてある日。俺が残業をしていると、Dさんがどこからか帰ってきて――Dさんは普段からほとんど会社に来ずだった――、俺が提出してあった歩合給の申請書を見ると、俺を机に呼んで言った。

「これ却下」

俺は意味が分からず、

「なんでですか」

と聞いた。Dさんはそれには答えず、不機嫌そうに、

「○○（地方の社員）にお前の歩合100万あげろ。□□と△△（俺の上司二人）にもそれぞれ100万あげろ。○○に契約書見てもらってるだろ。上司にも世話になってるだろ」

当時俺は月収が300万から500万円ぐらいあった。だから、あげること自体は何でもなかったが、〝何この人⁉〟と思った。

上司に世話になってる？　いや、うちの会社には上司に確認しろというルールがある。どうゆうことだよ。

その日Dさんが不機嫌だった理由はわかっていて、要は、Dさんの食事会か何かに呼ばれたのを俺が用事があって断ったからだった。それプラス、俺が独立を見据えて頑張っているとDさんは察していたし、そもそも以前から機嫌でそういうことをする人だった。

俺はそれを言われたとき、〝ちっちぇえ男だな〟と内心呆れながら、それでも言った。

「まあ、全然いいっすよ。契約書見てもらったのは間違いないし、時間を使わせたんで。また自分も頑張りますよ」

言葉ではそう言いながら、俺はこの会社は社員の真っ当な評価をしない会社なんだと呆れていた。だからこそ、NINE JAPANでは、しっかりとした評価制度を作っている。

人の手柄を横取りして他の誰かに付け替えさせる社長。社長の気分でお給料＝評価が決まる会社……。

「それって間違ってるよな。評価の表し方として違うよな。じゃあ何か？社員はみんなお前の機嫌をうかがいながら仕事しなきゃいけないのか？」

「会社のルールだったり社内のルール（歩合配分）は、みんなが笑って愉しく働けるようにあるはずじゃないか。それを代表が自ら曲げていいのか？」

……またその上司も当たり前のように俺のその歩合を受け取った。

もし俺が上司なら、俺は確実に断る。「上司として当たり前のことをしただけだから」と社長にも直談判する。

上司こそ部下のために愛情を注ぎ、真剣に、会社に自ら意見をしてでも、部下を守るべきだと俺は思っている。

上司の写し鏡が部下なんだ。世の中に馬鹿な上司は山ほどいるけど馬鹿な部下はいないんだ。

結局、会社の社長の写し鏡が社員なんだよ。

これらのことを思い、俺は再度、「人の成長を心から喜び、人の無限の可能性を導ける、社員から信頼される強い会社を作っていくんだ」と強く決意した。

＊

その出来事があってから俺が辞表を出すまで1ヶ月もかかっていない。

辞表を出した日、俺にとって最後の会議があった。俺はDさんに突っ込まれないよう、自分の物件は全て後片付けも完璧に終えて会議に臨んでいた。Dさんには突っ込む要素がない。

だから、退職届を提出した日から1ヶ月残る社内ルールだったが、俺は次の日に「辞めていいぞ」と言われた。

Dさんは冷笑しながらその場の社員みんなに言った。

「今日で巧、辞めるってよ。みんな、これから街で巧に会ったら無視するように」

社員たちは顔を引きつらせながらもDさんに合わせて笑っている。笑わないとDさんが不機嫌になるからだ。

情けない会社だな、と俺は思いながら、それでも言った。

「皆様のおかげで最高の営業生活でした。今までお世話になりました。ありがとうございました」

そしてそのまま俺はA社を後にした。

その後、先輩から聞いた話だが、俺の1年半で積み上げた成績は誰も抜くことができず、爆発的な成績として記録に残ったらしい。俺はかねてから、会社勤めの社員時代に、それぞれ与えられた役割の中で誰にも負けない圧倒的な成績と存在感を出すことが、会社経営者として成功する秘訣だと思っていたんだ。だから、圧倒的な成績を残して、経営者の道に進むことができた。

ひねくれた愛情

ただ、それでも最後にやっぱり強調しておくが、Dさんが俺にきっかけをくれた人であることは事実だ。その点で俺のDさんへの感謝の気持ちは変わらない。

俺のことが嫌いであんなふうにしていたんじゃないことも当時からわかってた。むしろ、Dさんは俺のことを好いてくれていた。そんなふうに厳しくも、優しい人だった。

俺は昔からそうだが、俺が行けばその場がみんな明るくなる。Dさんも気分が良くなる。だからDさんは、「巧、巧、来い、来い」と何かにつけて俺を呼んだ。沖縄行くぞ、福岡行くぞ、どこそこ行くぞ――呼ばれるたびに俺は「めんどくせえ〜」と思いながらも、できるだけ行くようにしていた。行ったら行ったで、何だか知らないがキャバクラで女の子たちの前で説教されるし、社員旅行では、社員全員で腕立て伏せをさせられるし、「こいつは俺が見ててやらないといつまでたっても甘ちゃんなんだ」みたいなことを言われるから、メンドクサイことこの上なかったのだが……。でも、声をかけてもらうことは嬉しいことだし、俺は昔から必要とされることには応えたいと思う性格だった。

俺が行けないときもDさんは空港への車の送り迎えはわざわざ俺を指名してきた。他の社員じゃなく俺に来てほしかったのか。俺が仕事で手が離せなくて行けないと、それだけで不貞腐れて拗ねた。

自分の会社で社員が仕事をしているのに何が不服なんだと今思い出してもおかしいが（笑）、愛情の向け方がひねくれているというか素直じゃないというか……まぁ、そういう人だった。

でも、今でも、たくさんの出会いをくれたり、俺の人生を変えてくれたことに、本当に感謝している。「ありがとうございます」と心から言いたい。

◆コラム／〝ゼロイチを起こす〟とは

Nさんのところで営業を始めた当時、俺はビジネスについて自分なりに勉強したくて、松下幸之助さんや孫正義さんの本を読んでいた。その中に、「新幹線でグリーン車に乗っている人は会社経営者が多い」という一節があった。

それで後日、新幹線で京都に行くときに、俺はある計画を立てた。

「よし、グリーン車でヤバそうな乗客を見つけて名刺を渡してみよう」

俺はまだぺーぺーの駆け出し営業マンだったが、最初から野望だけはあった。デカい花火をぶち上げたかった。太陽光発電投資の営業マンとしてまだ一件も自分の契約がとれなくて、早く結果を出したい気持ちに溢れていた時の話だ。

もう寒かったから冬だと思う。東京発大阪行き。俺はとりあえず自由席の券で乗り込むと、グリーン車に移動した。そして車両の端から一列ずつ、左右の乗客を覗き込んで、これは！と思う人をチェックしていった。

大抵は〝なんだこいつ⁉〟という目で見返されたが、何列目かで一人だけ、ドシンと構えて動じない男性がいた。60近いぐらいの年齢の、恰幅のいい男性だった。

俺は「すいません」と声をかけた。その男性は俺を見て言った。

「どうした」

「あの、俺、今22歳で、営業やってます。聞きたいんすけど、どうやったら成功できるんすかね」

男性は俺の顔をまじまじ見て、

「君おもしろいね。どこに座ってるの？」

「いや、座ってないです。自由席に乗ってて」

「駄目だよ（笑）。ここグリーン車だよ」

「でも、とりあえず、お願いします！」

俺はそう言って会社の名刺を受け取ってもらった。

数日後、男性から会社のアドレス宛にメールが来た。男性は思った通り会社経営者で、大阪で事業をされていた。君のいいときに電話を頂戴、ということだったから、俺はメールにあった番号に電話をかけてみた。すると男性に繋がって、

「おもしろかったねぇ君ねー。頑張りなさいよ」

「ありがとうございます！」

「今太陽光をやってるんだよね」

「はい、投資と施工と両方対応してます」

「じゃあ、これから言う人に連絡をとってみるといいよ。ぼくからも一言口添えしておいてあげるから」

言われた通り連絡すると、その方も太陽光をされている人で、その方からの紹介がきっかけで、また繋がり、また繋がりで契約がとれた。自分で営業してとった案件としてはそれが俺の初契約だった。

今思えば昭和的な考えかもしれないが、仕事というものはネット社会になっ

たこの時代でも、志から生まれる行動で想いが伝わり、人の心を動かすものなんだと俺は確信している。

これとの対比でもう一つ。

俺はＮＩＮＥを起業してからいろんな経営者同士のパーティーに参加してきた。その経験から起業志望者に向けて言うと、パーティーではゼロイチは生まれない。これからコトを起こそうってときにパーティーなんか行くな。クッソ時間の無駄だ。

俺は今、日々都内で行われている名刺交換会、交流会、そんな類の馴れ合いのパーティーなどには一切行かない。

お世話になっている取引先、感謝している方のお祝いごと以外は一切行かない。

考えてもみろ。パーティーでいわゆる成功者と会って話したって、彼らがしゃべることは自慢話か武勇伝のどっちかだ。そのあげくに、

「それで、何がしたいの？」

とか聞いてふんぞり返る。そんな話聞いても何にもならない。


俺はＮＩＮＥの社員にもいつも言う。

「人生やビジネスは失敗のプロセスにこそヒントがある。そこに本当の人間力が隠れている」

「人の成功だけを見ず、その人が現在の成功に至るまでにどんな失敗をしたか？それをどのような思考、行動で打破してきたのか？そっちを見るんだ、そんな話はパーティーや名刺交換会には転がってないぞ」

「最近は情報過多だ。自分がどんな情報に興味があり、何を日々見て生きているか。どんなことにアンテナを張り、どのような視点で物事を見ているかで、明日の君は変わるぞ」

「指を咥えて〝いいなあ〟などと思って人を見る必要はない。お前の人生はお前にしか生きられない」

そして、俺の考えでは、人から失敗談を話してもらうためにはゼロイチの出会いを自ら創るぐらいの熱意が相手に伝わらなきゃならない。パーティーという〝出来合い〟の場で〝お約束通り〟名刺交換にいそしんだって、それは相手をゼロからこちらに振り向かせたことにはならないんだよ。

何々のパーティーで誰々さんと会った、しゃべった、というのをまるで人脈ができたみたいに自慢してくる子がいるが、それは人脈でも何でもない。そんなんじゃなく重要なのは、

自分がどんな志を持って、生きているか、そのために君はどんな努力なり挑戦なりをして、その機会を作れているか。他人の土俵でヘコヘコヘラヘラ出会いを求める前に、今君がやらなきゃいけないことはまだまだあるんじゃないか？

ということなんだ。

本物は利益を見るだけじゃなくこっちがどういう人間かを見てる。そのとき

に、カッコ悪くても、失礼でも、自分の恥ずかしさなんか度外視で相手に刺さる行動ができるかどうか。

心で当たるんだ。そのときに重要なのは、やっぱり覚悟と志だ。周りにどう思われたって、たとえ失敗したとしても、いいじゃないか。勇気を出して当たった自分を褒めてやれ！自分の道は自分で切り拓くからこそ意味がある。

ちなみに俺にも、「大園社長みたいになるにはどうしたらいいですか」みたいなSNSのDMがよく来る。

「聞きに来いよそれなら！」って話なんだよ。実際それで何人も来られたら仕事できなくなるからあくまで例えだけど、そんな、SNSでちょろっと聞いて満足してるやつよりも、俺だったら、住所調べて会社に来たけど入口のところでキョドって中を覗き込んでるカッコ悪いやつのほうがよっぽど魅力感じるわ。

そりゃ鬱陶しいよ（笑）。正直迷惑だよ。

でも俺もそんな鬱陶しいやつだったぜ。

けど、ゼロイチでコトを起こすってそういうことだから。

チャンスを待つだけの人間にはチャンスは来ない。

運を掴もうと心底、強く思うやつこそが、意識して常に動いて、目の前に来たチャンスに気付ける。

結局は運を動かすことを「運動」っていうんだよ。動かないと運は掴めない。強く思い、言葉にして、動く。それを何度も何度も繰り返してこそ、チャンスをモノにできるんだ。

ピンチはチャンスとよく言うけれど、ピンチの内からチャンスを見つける。
だからＮＩＮＥ ＪＡＰＡＮはコロナ禍でも大きな企業成長ができたんだ。

Topic3 Takumi's word

他責は自分の
成長を止め
自責は自分の
人間力を高める

自責ってすごい難しくて。全てを自分の責任にしろ、ってことじゃなくて、物事のとらえ方の話なんだ。何か問題が起きたときに「あ、これ俺の責任です」って謝るのが自責じゃなくて、トラブルに限らないよ、何かがポーンと起きたときに、これはどういうことだ?どういう風にとらえたらいいんだ?自分がこの件でもっとできたことは何だったかな?って考える、その矢印を自分に向ける。それが俺の言う自責。

例えば仕事先との会食のタイミングで、出席予定だった会社の同僚が急病で休んだ、その代役が自分に回ってきたってときにね。先方が滅多に話さないこと話して、「他の会食でも何の場でも話したことないですよ」とかってぐらい貴重な話が聞けたとする。これってすごいタイミングでね。そこの場に、最初出席予定でも何でもなかった自分がいて、立ち会って、話聞けたのって、どういうことだ?って、矢印を自分に向けて考える。「もしかして俺に譲ってくれた?」とかってなったらその同僚にむちゃくちゃ感謝だし。次会ったときに「こういう経験できた!こういう勉強になった」って言いたくなるし。それでそいつが喜んでくれたらむちゃくちゃ嬉しいし。

だから人って物事のとらえ方がすごい重要で。代役が回ってきて「うわ、めんどくせーな」ととらえるのか、「待てよ、これってどういうことだ?」ととらえるのか。そういうの全部自分の人間力に跳ね返ってくるから。考え方によって人生は変わる。ポジティブに進もう。

Topic4 Takumi's word

膨張より成長

膨張するのってめちゃ簡単なの。拡大させるってめっちゃ簡単。会社も。だってお金さえあれば拡大できるんで。

だけど成長がなかったら、膨張するとつぶれちゃう。拡大するには成長が必要。社員一人一人の成長と企業成長。ここは繋がってるから。ただ単に拡大しちゃうと密度が減る。で、すごい穴だらけ隙だらけの手抜かりある弱小企業になる。だから膨張ではなく成長というのはものすごい意識してる。

NINE JAPAN、ほんとはもっとデカくできます。周りからデッカく見えるようにはできます。外見上。けど、会社は外からはつぶされないけど中から壊れていくんで。会社ってそういうもんで。外からのは、買収されるだけなんでね。経営者がそう判断したってだけなんで、つぶされてるわけじゃない。

会社とか組織って中から瓦解するのが一番怖いから。友達でもそうじゃない?仲いいように見えてるかもしれないけど、崩れるときってあっけなくて。そういうのって全部中からじゃない?言葉だったりとか、内輪もめとか。

外から会社つぶされることって正直ありえない。買収じゃなくほんとに会社をつぶそうとするなら裁判か。でも裁判も大したことないから。はっきり言って。やりようはいくらでもある。だから俺は社員と心を一つにして、皆で成長していける企業を目指しているんだ。

4

Establish

第4章／NINE建国

—事業にかける想い—

1　一人の同学年との出会い

A社で不動産営業の仕事を頑張っていた当時、Dさんが時々鍼治療の先生を会社に呼んで、オフィスで治療を受けていた。

まだ全然若い人だな、俺とタメぐらいかな、と思って見ていたその人が、今や世界各国の王族や大富豪を担当する、治療家の大口貴弘だった。

彼は当時24歳で、まだ今ほど有名ではなかったが、知る人ぞ知るという感じで絶対の信用を得ている鍼灸師・治療家だった。

あるとき、Dさんが、社員と彼の誕生日会をやるというので俺も参加することになった。Dさんの後輩がされている料理店が恵比寿にあり、誕生日会はそこの宴会室を借りて催された。

参加者はDさんと貴弘と俺とA社の社員が数名。計10名くらいだったと思う。部屋に入るとたまたま俺は貴弘の席の向かいだった。

それが貴弘と知り合った最初だ。そこで同学年だと知り、その席で俺たちはいろいろ話が弾んだ。

以来、俺たちは二人で焼き肉に行ったり飲みに行ったりして、めちゃくちゃ仲良くなった。

俺は「こういう会社作りたいんだよ」という話をいつもした。貴弘も貴弘で、24、25歳という年齢ですでにそれだけ成功しているにもかかわらず、もっともっと、それこそ世界中の人を鍼治療と独自の整体術で幸せにしたいというデカい夢を持っていた。俺は同学年でそんな話ができる友達ができてうれしかった。

そんな仲だから、ビジネスでもいずれ一緒に何かやろうと話していて、俺がA社を辞めてNINEの立ち上げ準備をするときに貴弘も役員に入って手伝ってもらっていた。

それで彼が引っ張ってきてくれたのがエラスチンサプリメントだ。取り扱っている人が強力な販売代理店を探しているというので貴弘が俺を紹介してくれて、3人でお会いしたのが最初の美容業界でのスタートだった。

—

2

人の美しさをサポートするビジネスへの想いと「後潟を誘う」と決めたとき

俺はその前から「人の美しさをサポートするビジネス」「人を応援するビジネス」に大きな可能性を感じていた。そして、起業するタイミングで貴弘が美容の仕事の良い話を繋いでくれて、晴れて美容業界に参入することになった。

俺は美容系の会社をやると決めたときに、後潟を一番に誘った。

後潟はまだそのときは別の仕事をしていたが、俺が誘ったら二つ返事でその仕事を辞めて来てくれた。

「俺は巧と仕事がしたいとずっと思っていた。誘ってくれたからには、命かけてやりたいんだ」と。

そんな後潟の姿が、俺の中で、23歳のときに太陽光の会社に誘われた次の日には入社を決めた当時の自分と被った。

後潟も「人生を変える！」とあの時の俺のように意気込んで飛び込んで来たからだ。

今となっては、この男と一緒に始められたことは俺にとって一番の財産だと思う。

当時の俺の会社はまだ売上など1円もない。後潟に払える給与は毎月10万くらいが限界だった。俺の身銭から払えるのはそんな程度だったから。

それでも後潟は給与に関しても一度も不満を漏らすことなく、前だけを向いてともに進んでくれた。

最初はパソコンも触ったことがなかった後潟だった。

販売はしたことがあるが、デスクワークはしたことがない。むしろ業者への挨拶メールさえもしたことがない。

しかし俺は後潟を誘った。そんな後潟と一緒にここまで仕事ができていることは、俺らの「人生を変える」という強い執念と熱意があったからに違いない。後潟は今では、常に会社を思い、命をかけてＮＩＮＥを守る気持ちは俺に引けを取らないほどだ。

人一倍ＮＩＮＥに対する想いも強いし、巧と仕事がしたいと言ってくれたあの時の想いが今も変わっていないことが、言わなくても手に取るようにわかる。今では大切な家族もできて、子供も二人いて、俺はその家庭を見て本当に後潟を会社に誘って一緒に働けてよかったと思う。当時の後潟からは、副社長として働きながら、こんな幸せな家庭を築くなんて、想像もできない程だったから。

この会社で、後潟の人生は大きく変わった。そんな一人の人生が変わっていく姿を間近で見られて、起業してよかったと心から嬉しく思う。「会社を起こしてくれて本当にありがとう」という言葉をことあるごとに伝えてくれる後潟だけど、俺の方こそいつもありがとうと言いたいくらい感謝している。

これからも俺たちはワクワクする方へ進んで行くことだろう。

俺が考えることは、人が普通考えることとは違う角度のことが多いかもしれない。まさに「右にならうな」、だ。でも、後潟は俺のそういう感覚を常に信じてくれている。だから俺たちは今でも良きパートナーとしてやっていて、「成幸＝幸せ」を成り立たせてきているんだ。

人は普通、自分が正解だと思う道の方を選ぶのが当たり前だと思うが、もし仲間が違う道の方を選んだ時は、その相手を信じて自分が選んだ道とは別の方へと進むことも大切なんだ。お互い相手を信じる心＝信頼関係を創るということは、もし間違った選択をしたとしても全てを正解に変えるくらい力強いパワーを発揮して、何でも乗り越えられる大きな力になるということを、俺たちはこのＮＩＮＥで身をもって感じてきた。

正しい道を選ぶんじゃない。選んだ道を正解にして進んでいくんだ。

この本を手に取ってくれている君にも、正しい道を選ぶより、人を、そして仲間を信じる心が何よりも大切で、成幸への近道になるということを伝えたい。

―

3

女性が輝く時代

今は、「女性が輝いている時代が来ている」とよく言うが、みんなはどういう意味だと考えているだろうか。

日本では、昔から亭主関白という言葉があるように、男が外で働いて女が家庭を守っていくものだという変な風習があった。正直まだまだこれは続いている。女性の社会進出率は世界の国々と比べても、日本はかなり低い方だ。これは世界的に見ても時代遅れの考えになっている。

出生率が減り、人口が減ったことで、女性の社会進出が必須という考え方が多いようだが、俺の言う「女性の輝く時代」は、全く意味が違う。

俺は、女性ならではの信念というか、意見というか感覚は、大体において男性よりも正しいんじゃないかと思っている。

おかんを見てきてそう感じている部分も多いし、我が社は8割が女性社員で、日頃から女性社員の意見をよく聞いているからこそ、余計にそう思う。

もっと女性が働きやすく、夢を追いやすい環境作りを、国をあげて実行することで、女性の意見がより反映されて、世の中は良くなっていくはずだと俺は考えている。

だからこそ、女性が輝いて、もっと稼げるようになる時代を作らなければならない。

俺は平成元年生まれ。世で言うところの「ゆとり世代」だ。中学高校のころは事あるごとに、大人たちから「お前らゆとり世代は……」とか「だから今の社会はこうなった」という言い方をされた。そんな偉そうなことを言うのは決まって男の大人だった。

俺はそれを聞くたびに「馬鹿か」と思った。

社会をこういうふうにしたのはお前たち大人の男じゃねえか、お前らこそ世の中に何も言えねー言いなりのゆとりじゃねえか、と思っていた。

ゆとりだの何だの、そんなてきとーな言葉を勝手に作るのも世の中だ。メディアだ。

俺はそんな連中に、特に男どもに対してこう思う。

「何を偉そうにお前たちはそれを言えるんだ？ゆとり世代と言われるような制度改革をして、ゆとり教育をしてきたのはお前ら大人の男たちだろ。自分たちが決めて進んだ道を不正解だった、間違っていたと言ってるのと同じことだぞ。そもそも教育してきたのはお前たちなのに、子供たちのせいにするなよ」

俺は、ＮＩＮＥでも部下が成長するかしないかは上司次第だといつも言っている。他責にするなと。

俺は学生時代も、女の先生にイラついたことは一回もない。敵対したのはいつも男性教師だけだった。実権を持っているのに動こうとしない態度がムカついてしょうがなかった。

政治家でもそうだが、社会的にはいまだにアホな男どもが実権を握っている。この現状は絶対に変えるべきだ。

俺は政治家でもない、国への影響力があるわけでもない。むしろそんなものいらん。

でも、権力だけにあぐらをかいているやつらみたいになる気はないし、発言を控えるだけの大人になる気はねえ。

「人の美しさには無限の可能性がある」。これはＮＩＮＥの企業理念だ。人間には人間にしか持ち得ない力がある。そして、一人ひとりその人にしかできないものがあるんだ。だからこそ、一人の発言をもっと反映できる世の中にしたい。もっと言えば、女性の信念を反映できる世の中にしていくべきだ。

人としての人格、品格こそ美しくなることを通じて、男性も女性も平等に輝き、社会的にも、自分たちの夢に向かってもっともっとチャレンジしていける世の中にしたい――。

それが俺がＮＩＮＥを立ち上げた原点なんだ。

美しさとは何も外見だけの話ではない。

人としての人格、品格、人間力のことだ。

人としてどんな人間が美しいのか、ＮＩＮＥを通じて男性も女性も無限の可能性を見つけて輝いてほしい。

俺はまだ若造だが、世の中の女性や、「もうこんな歳だから今諦めなきゃいけない」と思っている方々に、「人はたとえどんなに歳をとっても、自分がやると決めればいつからでも変われるんです」と、伝えていきたいし、貢献していきたい。だから、ＮＩＮＥでは、起業したい女性オーナー様を完全サポートし続けているし、これからもそんな女性へのアシストをしていくと決めている。

4 もう一人のパートナーとの出会い

後潟が鹿児島繋がりの今の盟友だとしたら、青木梨奈――ＮＩＮＥＪＡＰＡＮ専務取締役、Gran nine代表取締役――は俺にとって、ＮＩＮＥＪＡＰＡＮを今の美容系企業に育て上げるうえで欠かすことのできない最後のピースだった。

最初に会ったのは２０１８年の12月。引き合わせてくれたのはまたしても治療家の大口貴弘だ。考えてみれば、エラスチンサプリといい青木といい、俺のビジネスにはキーポイントごとに貴弘がいる気がする。

当時、青木は美容系企業のグループで中核社員として働いていた。数十店舗のサロンの統括マネジャーをしながら、化粧品開発やメンズサロン、スクールの新規事業立ち上げと、更には後進の育成にも当たっており、多岐に渡る事業を任される存在だった。

当初青木は、自分が開発したバストアップクリームの卸先を探していて、貴弘が青木に、

「それだったら、今バストアップ業界で一番勢いがあるのは巧だから」

ということで俺を紹介した。俺は貴弘から「これこれこういうわけで青木梨奈さんという人に紹介しといたよ」と連絡を受け、待っていると青木からLINEがポンポーンと来て、俺は「一度お話伺いますよ」ということでLuxurysalon nine代官山店——当時のNINE JAPANはまだその1店舗のみだった——で会うことになった。青木の話によると、うちのサロンはその美容系企業内でも、バストサロンとして勢いがあると有名だったらしい。

だから最初は商品の取引相手としての繋がりだった。青木からしたら営業先

だ。けど、商品の説明とかそれ以外も含めていろいろ話を聞くうちに、俺は商品に興味が湧くというよりも、青木の仕事に対する考え方とかエステに対する姿勢とかに、直感めいたものを感じた。

「なんかこの人と一緒に仕事するかも」

と思ったのだ。六本木のクラブで昼職への扉が開いたあの夜みたいな、髪染めを買いにドンキに走ったあの夜みたいな、あんな予感だ。

「来た！この人だ」とその日思った。その後、取引会社としてカウンセリング研修などのサポートを受けるうちに、俺は青木に言った。

「それだけ能力あるのに、俺みたいな小さな会社に挨拶に来て商品販売して、って営業みたいなことやってるんじゃなくて。何十店舗のマネジャーとかって言うけど、そんな夜遅くまで仕事して事務連絡とか会議出たりとかさ、そんなことにだけ自分の時間を使う器じゃないよあなたは。もっと大きなことを俺とやろうぜ」

当時1店舗で、社員も数名しかいない会社の社長が言う内容としては随分大きく出たが（笑）、俺の目に当時の青木は、いわゆる典型的な中間管理職で、いろんな仕事は任されていたけれど、狭い鳥籠の中で必死に飛び回っているように見えた。

俺は〝そうじゃないだろうこの人は〟と直感した。

それが俺と青木が出会った最初の頃だった。

5

右にならうな！

そして2020年2月。あの船――クルーズ船ダイヤモンド・プリンセス号――が来た。ＣＯＶＩＤ－19（通称コロナ）の始まりだ。

世の中が騒然としていくなか、ヘアサロンとかエステサロンとかの直接お客様に触れる業種が真っ先にダメージを受けた。客数減が続き、エステサロンは大小あわせて470店舗ほどがクローズした。

俺は「今だ！」と思った。「逆に今か！」と。

俺はもともと考え方が普通の人と違う。加えて、営業時代からの癖で、世の中の動きに常にめちゃめちゃアンテナを張っている。何が今から来るか、どのタイミングでやったらいいか。情報収集もめちゃめちゃする。

その俺のアンテナに、「エステサロン470店舗クローズ」という情報はめちゃくちゃ響いた。

業界図をひっくり返すには世の中がコロナでこうなってる今しかない、と思った。

後潟も青木も、俺は俺が決めたことに対しては必ずやり切るといつも言ってくれる。俺の決断に迷いはないと。そんな信頼できる仲間がいるからこそ、俺は走れるんだ。

コロナが来て「今だ！」と思ったとき、俺はこう考えた。

——世の中の流れが全部左に傾いたとき、俺たちが右にいれば、また逆戻りしたときにアドバンテージを持てる。美容は世の中から決してなくなりはしない。今の世の中が落ち着くのを待ち、国の判断を待っていたら経営者は死んでしまう。そしたら従業員はどうなる？ 経営者はどの業界も必死の戦いなんだぞ！

そして「世の中のみんながリモートになれるわけがない」とも思った。人は、人と出会い、顔を見て話すから楽しいし、子供もたくさんの夢を追っていける。

会うことっていうのはそれほど重要なんだ。我々の行っている仕事はそういう仕事なんだ。しっかり先を見て今準備するんだ、と。

お客様も施術が受けられなくなればフラストレーションが溜まる。溜まって溜まって、今度揺り戻しが来たときは、お客様は美容や健康に今まで以上に気を付けるようになる。

そのときまで俺たちは必死で社員、お客様のために準備をする。

そして〝そのとき〟は必ず来る。来たときに俺たちが営業停止していたら、情けないだろうが！

だから、今ここでサロンを強化しようと決めて、会社の全てを一から見直した。そして、営業停止期間に社員研修も強化した。更には、コロナでおうち時間が増えたからこそ、ホームケアを強化しよう！とバストクリームの開発や使い方動画などの発信も強化した。

最高の体制を、ここで作るしかないんだ！右にならうな！


俺はそう決めて店舗展開も決意した。まずは2店舗目のLuxury Salon nine中目黒店を6月9日にオープンさせた。ちょうど準備期間にあたる4月初旬から5月下旬に緊急事態宣言が出て、あらゆる接客系業種が先行きに絶望していたから、傍目には狂気の沙汰だった。実際、銀行や周りからは「この状況で新店のオープンなんて！」と本気で心配された。

けど、俺はブレなかった。俺はこの会社、社員、お客様を背負っているから。

そして開店したら案の定、中目黒店は超満員になった。俺は打つ手を緩めなかった。9月に代官山にもう1店舗、11月にLuxury Salon nine麻布十番店、翌年6月にはLuxury Salon nine表参道店と、立て続けに新店をオープンさせた。また、1月にはオフィスも南青山に移転して大きく拡大している。

結果、コロナ前と後とで連結売上高は500%にアップという成長を遂げ、社員も30人ぐらいまで一気に増えた。この企業成長で、経営ノウハウなどの取材依頼も殺到した。

6 青木をヘッドハンティング

そしてオフィスを移転したのと同じ12月。今コロナ禍で苦しんでいるサロンオーナー様に、俺たちがしてきたことやNINEの技術力で少しでも力になれればと思い、NINE Academyの開校も同時にスタートさせた。

このときの立役者がまさに青木だった。

青木には緊急事態宣言が出るか出ないかのころから、取引会社へのサポートとして、カウンセリングや技術研修などを多く依頼していた。また、青木の休日にお願いして、スタッフにリモートでカウンセリング等を教えるコンサルという形でＮＩＮＥに噛んでもらった。

そこからはもう猛プッシュだ。

「お前が来ればＮＩＮＥは変わる。お前が必要だ」

「そんなちっちゃな世界でやるんじゃなくて。俺がもっとすげえ世界に連れてってやるよ。俺んとこ来たら君の人生相当変わると思うよ」

と俺は言い続けた。

店舗展開を進めるなら、青木の美容知識と経験をみんなで学び、教えてもらい、強い会社、強い環境を作りたい――。そう思っていた俺にとって青木は、「俺の理想の会社像」にバチッとはまる、究極のラストワンピースだった。

俺が目指す会社には後潟に続き、これだけ熱心な人が必要だと思っていた。

また会社としても、俺と後潟だけでずっと今の形で引っ張っていくのは、女性社員も多くなってきたら無理がある、何か変える必要があると思っていた。

ＮＩＮＥを変えるのはこのタイミングしかない。コロナはいろんな環境を左右したが、今の俺たちも負けられねー！と強く思うきっかけになった。

俺は青木に言い続けた。

やがて「社長とお仕事したいです」と言ってくれたが、青木は「３ヶ月待ってほしい」とも言った。青木も責任感が強いから、今の会社の引き継ぎをするまで待ってくださいということだった。当然だろう。俺は、青木がその決意をしてくれたことによって、ＮＩＮＥの未来が大きく見えた気がした。

青木は退職後も４ヶ月間は、前職のコンサルとして、引き続き社員の育成をしたいと申し出た。それくらいの責任感があること、また、去り際の美学に対して俺と似たところがあったからこそ、俺は快く受け入れたんだ。美容家としても一人の人間としても、青木は本当に尊敬できる。

俺が最初こんな会社を目指しているんだと夢はデカく言ったとき、青木は、

「私は必ず社長の想いを実現できる。社長はその想いを大切にしてください」

と言ってくれた。

たくさん青木から習った。青木も自分の経験を教えてくれた。

俺が叶えたい夢を、青木は常に繋いでくれた。自分の時間を犠牲にしてでも
会社のことを考え、社員のことを考え、人に捧げる。

なかなかできることではない。

俺は後潟といい青木といい、最高のパートナーと出会うことができたんだ。

だから、対外的には俺が一番目立っているかもしれないが、後潟や青木、そして社員がいるからこそ今の俺という存在があることは、俺自身が一番わかっている。

そして2020年9月1日、青木がNINEに入社した。正式に俺たちの仲間になった瞬間だった。

7 仕事の刑務所に入る

その時期――コロナ禍で逆にオープンラッシュした時期――が会社としては一番大変だった。

後潟と青木と夜中の2時3時までほぼ毎日会議をした。青木はその上にアカデミー用の資料づくりまでしていたからマジで大変だったと思う。

ましてや俺がこれから行う講習会や、研修資料も全て、一緒に手掛けてくれた。

仕事三昧だったが、けど、楽しかった。めちゃくちゃワクワクしてたから。

やっとタイミングに乗れた感触があったし、会社が大きく、強くなる確信があったからだ。

あのときのことはあまりにがむしゃら過ぎて薄くしか覚えていないが、まだ1店舗で社員6名ほどという状態で新しいチャレンジを始めることに対しては常に不安だったのを覚えている。

不安は常に抱えていた。けど、チャレンジに不安や恐怖は付き物だ。もっと言えば、ワクワクとセットで恐怖を感じないチャレンジは本当のチャレンジではないとさえ俺は思っている。

だからやるしかない。俺はそう決めて、

「よし、3年くらい刑務所に入るつもりで本気の仕事をやろう」

と心に誓った。

「俺は仕事の刑務所に入る。遊びも捨てる。夜の付き合いの誘いにも乗らない。そういうのからいったん離れる。今はこのNINEを大きくすることしか考えない！」

そう決めて実行した。マジで24時間仕事をした。自粛期間にみんなが家でのんびりネットフリックスとかアマゾンプライムビデオとかインスタライブとかを見て過ごしていたであろう時期に、俺はテレビさえ一切見なかった。ひたすら考えて動いていた。家で調べものをする、外に店舗展開用の立地の良い物件を探しに出る、市場調査に行く、等々。とにかく仕事漬けの必死な毎日だった。車での移動中は孫正義の講演会を聴く、松下幸之助の経営学を聴く。今業績が伸びてる市場を調べる。ニュースを常に見る。そして一日ひとつでも二つでも決断をする。

何通りもシミュレーションをして後潟と青木二人に伝える。

毎日だ。休みなどない。

後潟も青木もそんな俺についてきてくれた。いつも考え、休む暇もなく、意見を出し合い、高め合い、支え合い、ずっとみんなで話し合った。

オープンラッシュは資金繰りが大変なだけじゃない。夜中まで業者と俺たち3人で店舗を作った。掃除した。朝方までかかった。俺が業者にだけ投げてやらせるのが嫌なことを二人とも知っているから、二人もいつも来た。

また、お店を増やすということは施術スタッフも増やさなければならない。

しかも、ものすごい急ピッチでだ。その点で、後潟と青木にかかっていた負荷は相当だったと思う。

でも、そこで「話が違う！大変なだけじゃないですか！」みたいなことには全然ならなかった。ＮＩＮＥをこういう会社にしたい、こういうふうにしていきたい、という俺の野望を常に二人には話していたからだ。

そういうとき、俺は「俺たちなら必ずできる！」と言い続ける。

二人はいつも俺の無謀な決断を嫌な顔ひとつせず、心から笑顔で信じてくれる。そのときも信じてくれた。

社長の決断を俺たち私たちが正解にするから、社長は前だけ向いていてください、といつも言ってくれる。だからこそ、不安な気持ちを未来への希望に変えることができた。本当に強い、この上ないパートナーなんだ。

8

価値観とお金と成功の話

これは俺の持論だが、「仲間とやる事業は上手く行かない」と昔からよく言われるが、それも右にならうな、だ。

本来それができるなら最高なはずじゃないか？

上手く行かないと人が言うときの「仲間」は、大抵、「今まで一緒に遊んでいた仲間」のことだ。遊びの気分が残ってしまって甘えが出るから、というのが「上手く行かない説」の根拠だろうが、志を真に共有してメリハリをつけて一緒に働けるなら、そういう場所を作れたなら、仲間とやるほうが絶対に大きな力を出せるはずだし、それこそ本当の成功だと俺は思う。

仲間とやっていくときに揉める原因は大体甘えと、お金だ。

けど、俺はいつも思うし社員にも話すことだが、お金というものは一つの武器に過ぎない。何かをしようとするときに選択肢を増やすことができるのがお金。時には大切な人を守れるのもお金だ。

そういうことに役立てるための武器なだけであって、そんなものを一人で溜めこむよりも、自分の家族なり、〝仲間〟なり、社員なり、社員の身内なりに笑ってもらえる環境を作ることのほうが、俺にとっては成功なんだよ。

現に俺は親からもらった幸せはお金そのものではなかった。

俺は、どこに大切なお金を使ったかをよく親から見て学んだ。

ちなみに後潟も昔からの仲間だ。ましてや俺のYouTube「ホスタクチャンネル」の撮影編集は、俺と血も繋がっている従兄弟のたかおうという男がやってくれている。

たかおうは、俺が紹介して後潟とも付き合いの長い、いわゆる昔ながらの遊びを共有していた友達のような家族のような関係の男だ。

でも、俺たちは仕事の時に馴れ合いはしない。本気だからだ。

本気で組み、仕事に馴れない、浮かれない、そんな絆を俺たちは守っているからこそ、同盟は強くなるんだ。

たかおうは俺の従兄弟だが、「たくちゃんの話を聞いているとわくわくする！そんなたくちゃんが作った会社と仲間を大切にしたい」と言ってＮＩＮＥに入社してくれた。今たかおうとＹｏｕＴｕｂｅを一緒にできているなど、子供の頃には想像もできなかった。

人生は面白いものだ。

本当にこんな俺に人生を捧げてくれる仲間に出会えて、俺は恵まれている。

本気で仕事を考え、そして俺を信じ抜いてくれる仲間がいるからこそ、今のＮＩＮＥが存在するんだ。

そのうえで、俺は「みんなの言ってる〝成功〟って何？」と問いたい。

俺を見て「大園社長は成功者ですね」と言われても俺は何一つ理解できない。

単純に。俺はいわゆる〝社会的に成功〟している人を見ても「あの人成功者だ」と感じたことは一度もないからだ。価値観は人によって違うから。

何をもってみんな「あの人は成功者」と言っているのか。

それって、結局お金でしか人を見てないんじゃないか？

俺が独立に際し以前お世話になったDさんを反面教師にしたのも、そういう価値観〝じゃない〟価値観の会社を作りたかったからなんだよ。

社長がお金で人を支配するから、社員たちも価値観の基準がお金になってしまう。「お金を持ってたらこうなれるんでしょ」と学習して〝お金教〟を刷り込まれてしまう。そして「売上が一番」「数字が一番」になっていく。

それに比べ、俺は社員たちにいつもこう教えている。

「売上は後から付いてくるもの。後ろから来るもの。お金の順番を間違えるな。お金を前に置いてしまったら、人は言葉が〝お金の言葉〟になってくる。言葉に焦りと欲が出る」

「人は欲に魅力を感じない。価格ではなく、価値こそがお客様の満足度なんだ」

「ＮＩＮＥは価格競争には参戦しない。価値競争だけに本気になる」

「お客様を前に持ってくれれば、お客様というものはこっちの人間力だったり〝人〟の部分に対価を払うから、結果的にお給料になる（後ろから来る）」

「だから決してお金を前に置くな。売上（数字）や成果は自分という人間を知るための秤でしかない。重要なのは売上のプロセスだ。お客様に何をしたか、何をして差し上げたからこの売上なのかをしっかり考えるんだ」

これが俺の価値観だ。

だからもし、「売上をこんなにとってるから私は偉いんだ」と自分一人で成果を上げたように考える社員がいたら、俺は、

「そういう人はＮＩＮＥには要らない。よそでやれ」

と言うだろう。

もちろん売上がなかったら会社は持たない。でも、売ることだけを目指して売上、お金のためだけに動く組織になるくらいなら、俺はすぐにでもＮＩＮＥの代表を降りてやる。

売上っていうのは、商品の価値に対してだけ支払われるものではなく、会社

に対する価値、商品を販売するまでのプロセスに関わる全ての方々の志に対してお客様が評価してくださるものだ。後から付いてくる形で売上は生まれるんだ。

9 NINEの経営理念の一つ「成幸」について

価値観の話が出たところで、NINEの社員教育と経営理念について紹介しよう。

新人はまず理念研修から始める。NINEの経営理念である「成幸」と「人の美しさには無限の可能性がある」ということについての俺の考えだったり価値観を伝えるためだ。

俺は理念研修に関しては絶対に人任せにしない。自分が会社を作った想いは自分の口から伝えたいからだ。俺はNINEで志経営をしていきたいと思っている。そのことをみんなにも知っておいてほしい。じゃないとNINEを作った意味がない。

新人研修の後は、ステップアップ研修、次に中間職研修、役職者には役職者研修がある。すべて俺が直々に行っている。毎月だ。毎月それぞれ3時間みっちり行う。

研修では同じことを何回も繰り返し、社員自ら答えを出す機会を作っている。人は忘れやすい生き物だ。だから何回でも繰り返す。それこそ何千回でも。それに、人はどうしても馴れてしまう。仕事にも馴れる。そこでモチベーションが落ちる子も出てくるから、「よし、今日からまたやるぞ！」とまた思ってもらえるよう言葉を投げかけるのだ。

研修は自分で考え、自分でやる気を起こし、行動できるように行う。決して俺から「これをやりなさい」と言う研修は行わないようにしている。

人は自分で気付いて動くものだから。人を変えることはできないが、人は自ら変わることはできるし、変われるように、人との関わりのあり方を自分が変えることはできる。

志経営と似た言葉で、今は「理念経営」ということがよく言われる。

けど、「理念経営って意外に会社目線だよな」と俺は思っている。会社の理念に共感してほしい、会社を上手く行かせるために理念を共有してほしい――そういうスタンスじゃないか？ 理念経営って。

だから、NINEでは、必ず理念研修と〝人生理念研修〟をセットでやっている。自分自身の人生の経営者は自分であること。自分の人生の目的、目標を叶える手段の一つに我が社があること。

俺は、会社視点と自分視点を組み合わせることが〝志経営〟だと考えている。

だからいつも社員に言うのは、

「自分の人生だよ」

ということだ。「俺の会社を大きくするために君は来たんじゃない」と。「自分の夢を叶えるためにうちを利用しなさい」と。

NINEの経営理念が「幸せを成り立たせる」と書いて「成幸」なのは、だからなんだ。

俺は社員にこの会社で幸せを成り立たせてほしい。今はまだ見つかっていないかもしれないけど、もしかしたら忘れてしまっているかもしれないけど、みんな一人ひとり自分の中に理想の自分がいるはずだ。そこに向けて挑戦する志は全員が持っておかないといけないと俺は思う。

それは会社に対してじゃなく、自分の人生に対してだ。

自分が自分の人生に期待しないでどうする！志を立てないでどうする！奮い立たせないでどうすんだよ。


志を持った人間がたくさん集まった組織が会社であり、俺は代表としてその指揮を執らせてもらうだけだ。

俺はいつも「会社はみんなが主役です」と言っている。これはＮＩＮＥＪＡＰＡＮの永遠のテーマだ。各グループ会社でも一緒だ。事務員だろうが営業だろうが、自分の人生は自分が主人公であり、そのなかで、この会社にプロとして入って、自分経営をしてほしい。心からそう思う。人生の主人公は君だ。だから俺は社員がこの会社で笑顔で成長していくのを見ているのを、猛烈に嬉しく感じる。

人に流されるな。自分の意思を持ち、さらには素直に人から学ぶ姿勢を常に持つんだ。

俺は、この会社をそんな会社にしたい。人はそれぞれ長けているところが必ずあるから。

10

素直な姿勢こそが、未知なる自分の世界を教えてくれる

これからＮＩＮＥに入りたいと言ってくれる子たちにこうあってほしいと一番思うことは、素直であること。これはキレイゴトじゃなく本気でそう思う。

物事の捉え方なんかが少し曲がっている子とか、どうしてもいると思う。けど、素直であるということは人としてやっぱりすごく大事で。技術が上手とか、スキルがあるとか経験豊富とかは後々こっちの指導法で付いてくるから。

あと、入ってからの素直ということに関しては上司がすごく重要だ。

俺は、部下を持つ社員たちにいつも、「君が君の部下なら、君は付いていくか？」と問う。

部下に惚れてもらっているか、尊敬されているか。自分の部下の目線で自分のことを考えてみよう、と。

常に上司は人としての背中を部下に見せる必要がある。

そして、この会社にいる人間たちが本当の意味での〝上司〟として、新しい子たちの持っている素直さをどう導いてあげるかだ。

俺の例で言うなら、そういう意味で俺を本当に背中で導いてくれた人は親父だった。

親父は何十年も少年野球の監督をしている。

小学生を指導するときに大切にしていることは何か、親父に聞いたことがある。

すると親父は一言。「小学生は素直だ。だからこそ小学生と同じ立場に立つんだ」と言った。同じ立場に立つということは、相手を理解するということ。愛情を持って接すること。

親父はいつも、野球をしている生徒の指導をするときは自分がしゃがんで、小学生と同じ目線で話す。そしてその子の立場になって話そうとする。

素直な小学生の成長はものすごい。でも、会社も一緒だと思う。

もしその子——例えば新入社員——が素直な気持ちを持っていれば、その子の可能性を本当に大きくすることができる。

人は、素直でない子には、6とか7とか、途中で教えることを諦めがちだが、素直な子には、10教えなきゃいけないとこを12も15も教えたくなる。

素直な姿勢こそが、未知なる自分の世界を教えてくれるんだ。

うちの子たちはみんなめちゃ仲がいい。もちろん、仕事のうえで日々いろんなことはある。けど、俺が常日頃言っているのは、「仲間の成長をさまたげる社員はうちには要らない」ということだ。

仲間の足を引っ張ったりとか僻んだりとか、嫉妬心とかは、人として一番要らない心だと俺は思っているからだ。

仲間が成長したら素直に自分も喜ぶ、自分も成長したら素直に仲間が喜んでくれる。

最高じゃないか！

研修はそういう素直な心を育てるためにも大事なんだ。挨拶や礼儀といった社会人としての基本についての研修ももちろんある。むしろ、俺自身が初めての昼職の会社でそういう基本をちゃんと教えてもらえなくて嫌な思いをしたからこそ、自分の会社では、社会人未経験の子はもちろん、経験者の人たちにこそ、そういう基本の事柄から丁寧に教えてあげたいと思っている。経験者は、スキルや経験値が邪魔をして、成長に繋がらないことがよくある。どんなに経験豊富でも、新しい環境でいろんな意見を素直に取り入れて吸収するということは、自身のスキルアップ、人間力アップに一番大切なことなんだ。素直な心で「学ぶ姿勢」が、未知なる自分の世界を教えてくれるんだ。

11

非常識こそ常識

よく人は、「それは非常識だ」みたいなことを言うが、本来人は自由だ。人に合わせる必要はないということを俺は言いたい。

人の心を傷付けることさえしなければ、誰もが自分というものを出すために必死で考えればいい。

今は子供たちにも、学校で決まっていることがあるだの、義務教育だの、社会にはルールがあるだの、他の子もみんなと同じく我慢してるから君も同じようにやりなさいだのと、大人たちは言う。

お前たちの教育で子供たちの未来と個性を潰すな！と俺は言いたい。

日本はやれ政権だの、みんな我慢してこれをしてるだの、みんなもルールを守ってるだの、「右向け右。右へならえ」の風習だ。

だから結局、今の日本は30年以上も経済成長をしていない。日本の国民性を見てみろ。人と違うことをしたらすぐに杭を打つ。そしてみんなが「こうだからこうしなければならない」と言い始める。そして嫉妬から生まれる誹謗中傷や僻み根性。誰が決めたかわからない「常識」とやらで、一人を徹底的に追い詰める。

それがこの日本の国民性だ。それこそ日本を成長させなくしている風習だ。

俺はこんな、誰が決めたかわからない常識に合わせるつもりはない。

非常識こそ俺にとっては常識だ。

非常識は今にはない。未来だ。

ＮＩＮＥＪＡＰＡＮは、人として、人間として、一人ひとりの価値観を尊重する。

そして、人は自由だ。

常識を気にして自分をセーブするより、もっと周りの目を気にせずに自分らしさを出していけばいいんだ。「右にならうな」。非常識こそ常識だ。

12
「楽しい」と「愉しく」の違い

NINEのチームビルディングのモットーは「やると決めたら、みんなで愉しく」だ。

楽《らく》のほうの「楽しく」じゃない。愉快のほうの「愉しく」を意識することだ。楽を探すわけではない。

この違いについては、前にも話したインスタの語録に関連するコトバを載せている。次の言葉だ。

「一つ昔から心がけていたことは　自分が楽しむ　大切。人を楽しませる　もっと大切。その結果　信頼できる人間達と会社を作ることができた」

「楽しい」は環境や仲間に左右される。「愉しく」は、自分発信で愉しんだり愉しませたりする。自分もものすごく嬉しいし、お互い愉しくなる、あの感情なんだ。「愉快な仲間たち」ってよく言うが、あれだよ。

自分が楽しもう（自分が楽しければいい）ってするんじゃなくて、仲間も自分も愉しいっていう。俺たちＮＩＮＥはそういう会社でありたいんだ。

俺が唯一社員に口うるさく言うのはそれくらいかな。

人の成長を止めるな。個性を潰すな。助け合い、高め合い、尊重し合うこと。時に違うと思えば愚痴ではなく、意見だ。そしてまたお互い高め合うこと、愉しく仕事をすること。

そうして、笑顔からアイディアが生まれ、絆が生まれ、一人一人の幸せや可能性っていうものが生まれると俺は信じているから。

13

NINEの経営理念のもう一つ「人の美しさには無限の可能性がある」をめぐって

俺は、何か一つデカいものを、「これが俺の夢だ」と胸を張って言えるものを立てようと思って東京に出てきた。

ほんとに自分の心がこもった会社を作りたい、志を共有できる仲間を集めたい——そう思って作ったのが今のNINEの会社だ。営業時代の脈で個人でちょっと稼げばいいとか、自分の飯が食えるぐらいやれればいいとかっていう気持ちでNINEを経営していない。マジで漫画の『ONE PIECE』みたいに、このNINE JAPANという船で運命を共同して、「人の美しさには無限の可能性がある」ことを一緒に体現してくれるやつらと人生を歩んでいきたいと思って会社を作った。

社名を数字の９（ＮＩＮＥ）にした理由もそれだ。俺の誕生月が9月。世界共通のカードゲームのバカラで一番強い数字も9。俺の人生を救ってくれた野球も選抜された9人でやるスポーツ。９（ＮＩＮＥ）は俺にとって一番強い数字であり、強い会社を創ると決めた無限の可能性の象徴なんだ。

そして、「非常識こそ常識」をモットーに、天と地をひっくり返す意味で69という数字をサロンのロゴにもした。これも実は無限マークに繋がっている。

２０１６年に作った最初の会社の名前unlimited nineは訳すと「無限の9」。俺はこのときから「無限の可能性を信じて仲間と一番強いチームを作りたい」と思っていた。

俺は大きい組織を目指しているわけではない。〝強い〟組織が一番いいと思っている。根が太く、信頼関係がガッチリしている強い組織だ。

野球でもそうだが、いくら大阪桐蔭が強豪校でも、例えばどこか離島の高校が一致団結して本気でぶつかったら、やり方次第で勝てる。俺は野球をやっていたから実感で分かるが、本当にワンチームになったチームにぶつかってこられたら、甲子園の常連校でもなかなか勝てないものなんだ。

だからＮＩＮＥでも、個々のスキルアップはもちろん、それ以上にワンチームになること、俺はそれを目指した。そういう組織を作ろうと思った。だから名前をunlimited nineにしたし、次のGran nineは世界に行ける会社という意味を込めた。また、美容機器の卸販売を始めた三社目のand nineは〝ａｎｄ〟の部分に、機械を販売するだけじゃなくお客様と本当に運命を共同する、共同していくという誓いを込めた。

そして動画事業部に関してはone nineだ。世界に一つだけの人生を刻んだ、世界に一つだけのオリジナリティーのある動画。それをチーム皆で作り上げるという意味の〝ｏｎｅ〟だ。

そういう〝強い〟組織が作れれば、いわゆる大企業じゃなくても、一人ひとりの価値観に沿って働かせてあげること、夢を叶えさせてあげること、まさに

「成幸」ができるんじゃないかと思っている。

大体の人が年始にお参りを行うが、一年の半分を過ぎれば大抵、何の願いごとをしたか、何を新年の決めごとにしたかを忘れてしまっているだろう。

そしてまた来年同じ願いごとをする。一年全く進歩していないことになる。

俺は会社を作るときは、日々忘れることのない志として、自分の想いと、執念とを込めて、社名を作るようにしている。

そして、どの会社も、願いごと、決めごとは初心を忘れてはならない。だからいつでも思い出せるよう、心に決めるんだ。

14
店舗オープンの日に9を選んでいる理由

ちなみに、NINE JAPANの店舗の内装はすべて俺も内装工事に入るようにしている。自分たちの環境は自分たちでしっかり作りたいからだ。

最初の店舗であるLuxury Salon nine代官山店を作るときに、知人の紹介で内装工事業のゲンさんという人と出会った。タトゥーがたくさんで、真っ黒に日焼けして、仕事の合間に暇さえあれば波に乗っているサーファーだ。ゲンさんは、俺の立ち上げの想いとかをしっかり考えて仕事をしてくれる素晴らしい職人で、いつも俺の想いを酌んでくれる。代官山店の内装は俺もゲンさんと一緒に店に泊まり込んで壁を造ったりしたくらいだ。

以来、Luxury ROOM代官山店、Luxury Salon nineの中目黒店、麻布十番店、表参道店、そして今のオフィスも、内装は全部ゲンさんにお願いしている。

金儲けのためだけでエステサロンをやりたいと考えて始めるオーナーさんはたくさんいるが、そういう人は結構みんな失敗している。お金儲けしか考えなくて〝気持ち〟がないから、そこで働く社員のことまで想いをいたさないまま仕組みを作ったり、ルールを決めるからだ。

俺はお金儲けのためだけでエステサロンはできないと思っている。各店舗にはそこで働く社員の気持ちだったりお客様の心だったりがあるわけで、その空気感や雰囲気を、俺はみんなと同じように分かっていたい。

だから、1号店を造るときなんかは、俺と後潟で何週間も代官山を歩き回った。隅から隅まで。足が棒になるまで。どこがどういう雰囲気か、NINEのイメージと合うかどうか、ここのテナントで働くことになったら社員はどんな気持ちになりそうか。そういったことを自分たちの感覚と頭で考えながら探り歩いた。そういう気持ちは今も忘れていない。

各店舗ともオープン日に9を選んでいるのも同じ理由だ。店に想いを入れたい。俺の心を入れたい。だから俺の経営理念を象徴する〝9〟の日にしている。

2018年9月6日オープンのLuxurysalon nine代官山店を筆頭に、2020年6月9日オープンの中目黒店、同年9月オープンのLuxury ROOM代官山店、同年11月9日オープンのLuxury Salon nine麻布十番店、翌年6月9日オープンのLuxury Salon nine表参道店。全部〝9〟が入っている。

これは純粋に俺のこだわりで、普通はそこまでする必要はないが、俺はそうしたほうが気合いが入るんだ。

これからも俺はたくさん、いろんな事業を展開していくと思う。そのときに、世の中の流行りなどでもちろんやり方は変わってくると思うが、何をするにしても作るにしても自分のこだわりがあったほうが、それを守ろうと強く思える。だからオープン日に9を選ぶことは、俺なりのささやかなこだわりだ。

15 会社のカンバンは全員で創るもの

店なり会社なりには心が入っていないと成り立たないことを、俺は不動産営業職時代に、自らの失敗を通して身をもって学んだ。

会社のカンバンは多くの社員がずっと作り上げてきたものだ。その下でやらせてもらえることがどれだけありがたく、大きなことか。

俺は以前お世話になったDさんのA社を辞めてから2件だけ不動産を動かそうとしたことがある。ＮＩＮＥはＮＩＮＥで準備を進めていたが、俺だったら並行して余裕でできそうな物件だったからだ。

俺は実質1年半で50億の売上を動かしたという不動産営業マンとしての自負があった。だからA社の社員でなくても、後ろに会社のカンバンがなくても、一営業マンとしての力で成立させられると思っていた。

結果、駄目だった。脈は確かな物件だった。持てるノウハウも注ぎ込んだ。けど、2件とも、最後の最後の決済のところで崩れた。

途中までは上手く行きそうに見える。けど、駄目だった。A社のカンバンがあれば絶対成立しているはずの物件が、立て続けに、まるで見えない壁に阻まれたみたいに「ならず」に終わるのを見て、俺は悟った。

「ああ、社員が一生懸命全員で築いた会社のカンバンというものは、偉大なんだな」と。

仮にＮＩＮＥの社員が明日から独立して、まったくの個人でうちと同じ機械をサロン様に販売しても、たぶん売れない。やっていることは同じでも、後ろにあるカンバンが違えば想いも違うからだ。

俺が２０１６年からずっと想いを込めてＥＣ販売してきた美容商品、２０１８年からサロンのスタッフたちと一緒にずっと想いを込めて育ててきたLuxurysalon nineのサロンブランドや商品、また、２０２１年に始めたＮＩＮＥ Academyも、その年の年末に始めたエステ機器「ＮＲ機器」の販売事業も、関わったすべての人の想いが累積して相手の心に刺さる。だから価値があるんだ。

物件の力だけ、商品の力だけでは現実世界を変えることはできない。プラスして人の想いがなければ。想いを吸い込んで溜めて溜めて、デカくなったカンバンがなければ。

俺はグループのみんなに会社への愛を持ってほしい。それは俺にではなく、今までＮＩＮＥに懸命に携わって一生懸命にカンバンを作ってきてくれたみんなに対してだ。そして、お客様にもＮＩＮＥへの愛情を感じていただけるような仕事をし続けたい。

それらがなければＮＩＮＥというカンバンが成立しないことを知っているからだ。反対に、それらがあれば、みんなの想いは必ず一つになってお客様に届き、価値提供ができる。

だからこそ、たくさんの人が集まって創ったものにはそれだけの価値があって、決して俺一人の会社ではないということを俺は伝えたい。

16

経営理念は永劫不変。経営方針は変幻自在

俺がいろんな人からよく言われるのは、

「大園代表って、よく経営方針を変えますよね」

ということだ。大抵は〝そんなにコロコロ変えていいんですか？〟という含

みが混ざっている。

それに対し、俺は平気でこう答える。

「変えますよ。やり方変えないでそのままじがみついてて通用すると思いますか？時代はどんどん流れてるんですよ」

そして続けて言う。

「社員の意見を率先して受け入れます。今の子って、本当にSNSに敏感だし、社員から学ぶこともたくさんあります。社員の成長と行動こそが会社の成長だから、彼らの主体性を一番大事にしています。俺だけのマンパワーなどたかが知れていますから。俺たちの道は全員で決めて、その舵を取るのが俺の仕事です」


そしてこうも言う。

「ぼくは志は一回も変えたことないですよ」

志とは経営理念のことだ。俺は経営理念は絶っっっっ対に変えない。何があっても変えない。「成幸」と「人の美しさには無限の可能性がある」という志は永遠だ。

俺はこの志とだけ向き合う。俺は物事を決断する時、「俺がやっているやり方、やろうとしているやり方は、こいつらに反してないか」と自分に問いかける。

これからいろんな時代になってきて、経営方針は俊敏に変えていくだろうけど、志は自分の心とか魂の部分だ。志を変えたら俺が俺自身でなくなる。NINEがNINEでなくなる。それはしちゃいけないことなんだ。だから経営理念は変えない。

志さえ変わらなければ、経営方針（やり方）はいつでもいいほうに変える。俺はそこは俊敏に対応すると決めているんだ。

それが社員の成幸に繋がると確信しているからだ。

17 目的と目標の違いについて

同じことは「目的」と「目標」についても言える。

目的と目標は違う。俺はこのことを社員研修ではよく山登りに例える。

目的は頂上に立つこと。目標は一個一個障害をクリアして進むことだ。

もし目の前に障害があったら、勇気を持って右に行くか左に行くかしなくちゃならない。右に逸れて、「よし、あの岩陰を回り込んで行こう」とか、左に逸れて「あそこでまた登れそうだからあそこまで頑張ろう」とか。状況に合わせて目標は変えられるし、変えるべきだ。

それを軌道修正という。

目的を成すために目標はある。だから、明確な目的がなければ、正しい目標が決まるはずがない。ここのところの優先順位はすごく重要だ。だから俺が社

員たちにいつも言うのは、

「目標を果たせなかったら目的に辿り着くことはないよ。もっと言えば、まず目的が決まっていなければ目標は決められないよ」

ということだ。そして、

「たまたま目的に辿り着くということはあり得ないよ」

とも言う。俺の中ではだけど、たまたま目的に着けました、なんてことは一時的なものに過ぎない。たまたま着いた目的なんてそもそも目的じゃなかったんじゃないかとさえ思う。

本当の目的に辿り着こうと思ったら、やっぱり、目標を常に考えてto doを組んで、今日は何をするのか。山に登るなら装備は何を準備するのか、人数は何人で、水は何リットル必要で、どのルートで今日はどこまで登るべきか——。人は無事に付いてきているのか。そういったことが日々のタスクに下りてくるわけで、それらを一つひとつ達成していくことをないがしろにして目的を達成できると思ったら大間違いだ。

だから、俺はこれはすごく良くない風潮だと思うんだけど、今は頂上に行きたい人に、

「それでしたらヘリコプター出しますよ。タクシーで8合目まで行けますよ」

みたいなうまい話を持ってくる人がいっぱいいる。またそれに、

「え、あ、じゃあ乗っちゃお」

みたいな感じでなんとな〜く乗っちゃって、ぴゅーんと山頂に着いちゃいました♪みたいな、そういうヘリコプターが現れないかな〜と思って指をくわえて待っている人がいっぱいいる。

でも、断言してあげるけど、**現れないよ**。たとえ現れて山頂（目的）まで辿り着けても、それはそれで結局は**無知として自分に返ってくるから**。「どうやって来たかを知らない」っていう意味で。

そういう人は山のどこに何があるかがわからない。だから一回落ちちゃったらもう登れないんだ。

前章の章末で言ったプロセスの話を思い出してほしい。ビジネスではプロセスこそ大事だというあの話だ。

山登りで言うなら、

「このルートがいいと思う、と自分で考えて試して失敗した人」

「この装備が合ってるはずだ、と自分で考えて試して失敗した人」

「そうやって、今、現に山頂に立っている人」

が一番強い。そういう人は登り方をよく知っている。ビジネスで最強を目指すなら、そんなヘリコプターなんかに乗るより、急がば回れで、一歩一歩踏み締めながら進むこと。

人生はプロセスに大きな意味があって、結果は概ねプロセスと人間力に比例するんだ。

18

業務用エステ機器「ＮＲ機器」の直販にこだわる理由

ＮＩＮＥでは２０２１年12月に業務用エステ機器「ＮＲ機器」の販売を始めた。この1年半で、２００店舗以上のサロンさまにご導入いただいている。展開地域は、目指すは世界だ。現状でも日本では、47都道府県どこに行ってもＮＲ機器が稼働している。

そしてここが重要だが、それらすべてが直営販売だ。代理店を通じてご購入いただいたサロンさまは一軒もない。

扱い始めて最初の頃、代理店ビジネス専業会社から「50台くらい買わせてほしい」というお話があった。けど、俺はすぐに断った。

そりゃ、効率だけ考えたら代理店を使ったほうがいい。まとまった売上にもなる。代理店業者に営業をかけて50台100台と卸してったほうが売上にもなる。

けど、そんなビジネスをしたところで、そこに人の心はなくなるし、価値観がお金、売上しかなくなるじゃない？

そう思ったから、

「僕が思い描いてる経営じゃないんで」

と言って丁重に断った。俺たちが作ったものは、ただ利益を生むためだけにお客様に届けたいわけじゃない。想いを正しくお客様に伝える必要がある。その言葉が変わったら、本物のＮＲ機器は生まれないと思ったからだ。先方は「なんで？こんなウマい話ないでしょうに」って顔をしてたけどな（笑）。

顧客（サロンさま）に対しても、単に美容をビジネスにして儲かりたいぐらいの考えの方には「買ってもらわなくて結構です」としっかり伝えるよう、社員には伝えている。

カンバンの話のところで説明した通り、俺らは機械を売りながら、その機械の後ろには営業マンを始めとして俺らの想いだったり志だったりがぶわーッと連なってるわけで、その部分に共感してくれるサロンさまとお付き合いしたいからだ。

だから営業マンには、

「相手さまがどんな想いをお持ちかをよく知ることが大切だ」

と教えている。うちの契約率が高い理由はそこだと思うし、気持ちと気持ちが通じ合ったら契約すればいいのであって、よくあるような、売り言葉に買い言葉で契約さえとれればいいっていうんじゃない営業をやっているつもりだ。

このサロンさまにはうちの機械を売る、このサロンさまには売らない、という見極めは、今どんな会話を先方としているかを営業から聞けば判断できる。人の言葉にはその人の心が出るからね。向こうが何を言ってきたかというニュアンスで、どういう気持ちでうちの機械を求めているのかはすぐわかる。

もちろんビジネスは大事だ。だけど、そこに、我々と付き合いたいのか、それとも他でもいいのかということがあって。それってすごく大事な部分だと思うんだよ。

「この機械だからうちのサロンもお客様に喜んでいただけるんです。NINEさんとお付き合いしたいんです！」というサロンさまは俺らも全力でサポートさせてもらう。でも、もし、そうじゃなくビジネスだけで、「とりあえず機械だけ入れてもし駄目ならサロンごと売りさばけばいいや」ぐらいの感じに思っているオーナーさんだったら、俺たちはお付き合いしたくない。

直販じゃなくなるとそのへんが見えなくなる。だからこれからも代理店販売は基本やらない。俺たちの想いとか、社員が今まで積み重ねてきた技術とか知識とか経験を、そんな、どこの会社か知らんけど志のない会社に売っちゃったりなんかしたら、俺らの魂を売るようなもんだからな。

19

ＮＩＮＥを日本でフランチャイズにしないのはなぜか

代理店販売の他に、「経営ノウハウまで提案するなら、なぜフランチャイズにしないんですか？」という話もあった。今でもよく聞かれる。

フランチャイズにしなかったのは、俺らが始めたきっかけとなった思考はフランチャイズビジネスを目指していなかったからだ。ただそれだけだ。ビジネスだけで考えたら確かにフランチャイズもしたほうがいい場合もあるだろう。

けど、なぜそうしなかったか。なぜこれからも日本ではするつもりがないのか。

これもコロナが関係してくるが、最初俺たちはＮＩＮＥの直営サロンを47都道府県に店舗展開しようと思っていた。それがコロナによって方針転換を迫られた。

そこで考えたのがNINE Academyの創設だ。

４７０店舗クローズしたとか、旅行禁止だの、外出禁止だのと騒がれていたときに俺が思った気持ちから、NINE Academyは始まった。

ＮＩＮＥのエステサロンには北海道からも沖縄からも数多くのお客様がご来店してくださっていた。そのときにたくさんのお客様から、「沖縄にも出してください。何々県にも出してください」と多くの声をいただいた。

俺はその声を聞いてこう考えた。

「今は全国のサロンさまがコロナの影響でサロンビジネスにネガティヴになりやすい時期だ。これからエステを頑張ろうと思っていた方々は全国にたくさんいたはずだが、今は大変なことになっている。お客様も、行きたくても国から禁止が出ていて動けない。

よし、それなら逆に俺たちが動こう。全国のオーナー様に我々の技術とノウハウを少しでも届けて力になろう。

そして全国のお客様に、そのオーナー様を通じて、ＮＩＮＥの技術を届けよう。これはみんなにとって希望が見える話ではないか。

オンラインが急速に普及している。コロナで困っている各地のサロンさまたちを、ＮＩＮＥの技術とカウンセリングと経営ノウハウがあれば、オンラインでも救える。そのサロンさまたちのお客様も救える」

フランチャイズをしなかったのはそういう思考だったからだ。サロンさまがこれから頑張ってコロナに立ち向かっていかないといけないときに、俺らがマージン（フランチャイズ料）を貰うわけにいかない、と思ったんだ。

それこそコロナ前から、そしてコロナ後も、芸能人とか有名人とかがどんどん美容業界に参入してきていた。

彼らが何をやったかというと、脱毛。脱毛は参入しやすいと思われがちなビジネスの一つで、技術や知識なしで機械を当ててピッピッピッでやっているサロンがある。もちろん研修はやっていると思うし、いい仕事だと思うが、彼らはエステサロン経営というものの真髄を知らないし、なめていたから、一瞬の集客はできても結局は続かないサロンが多いだろうと俺は思っていた。

そしたら次に言い始めたのが「フランチャイズ」だ。みんな、サロンフランチャイズ、サロンフランチャイズと言い始めた。

俺はそれがマジで気に食わなかった。エステを軽く見ている感じと、エステを自分のお金儲けやらブランディングやらの出汁に使うつもりなのが見え見えで、マジでムカついた。

「エステ業界・美容業界を乱すな。本気でこの世界で志を持ってやってる人たちを邪魔すんな。

エステやるってなったら技術が必要だぞ? エステサロンのスタッフって何年美容学校に通って来てると思っているんだ? それに、一人前になってからも常にプロとして技術を磨かないといけない職業だぞ。

そんな、ちょっと有名なだけで美容業界に想い入れも何もない人間が〝なんとなく経営〟でふらっとオーナーになっても、ガッカリするのは社員だよ。ユーチューバーの何々だの、キャバ嬢からの何々だのと——そうやって名前を出せばスタッフの子たちは集まるだろう。来たときに、あなたたちはほんとに、その子たちの生活だったり夢だったり、必死で頑張っているエステサロンのオーナー様の未来だったりに責任持てるのか？

自分だけの集客、自分だけの商売考えて入ってくるんじゃねえ！お客様に対して失礼だし社員に対しても失礼だ！」

そういうサロンはほとんどが、オーナーになっただけで実務は他人に任せっぱなしのところばっかりだ。俺はそういうビジネス観が本当に嫌いだ。そういうサロンは、俺が知っている限り、フランチャイズを立ち上げた瞬間に加盟金だけ貰って後は放置みたいな話ばっかりだった。それでハシゴを外されて困ったサロンさまがどれだけ我が社のNINE Academyに救いを求めに来たことか……。

俺はそれがたとえ何のビジネスであっても、そんなビジネス思考でフランチャイズも直営店もするつもりはない。マージンなんか取るな、無償で提供してやれと思う。

だけど、機器だったりNINEのノウハウだったり、今まで全社員みんなで積み上げてきたものには価値がある。

そこを俺が無償にするのはうちの社員たちとNINEというブランドに対して失礼だ。だから会社は対価をいただくんだ。他の美容機器に比べたら販売価格が2倍も3倍もするNR機器だけど、お客様は価値を感じて、うちの機械を選んでくれている。まさに価値提供、未来提案型だ。

それでお客様にどれだけ喜んでいただけているか。機会があればぜひうちのホームページなどで見てほしい。

「アフターフォローをこんなにしてもらえるってすごいです！」

「LINEで問い合わせしたらいつもすぐ返事が戻って来る」

こういったお喜びの声も多くあふれているから。

もちろん、お客様の母数が今みたいに多くなれば、ご意見をいただくお客様もいる。俺たちNINEはそれらに対しても真摯に向き合っていく。

これからも我々はお客様にとってナンバーワンでなければならない。オンリーワンでなければならない。

そして、お客様にとって世界一の企業でなければならない。

なぜなら、何千社、何万社ある中から、我が社を選んでくれているのだから。

20 コロナで営業停止期間中、解約が一件もなかった

お客様からのお問い合わせに関しては、社員たちには8時間労働の中で対応するわけだから、さすがに全部に対して即レスするのは限界もある。だから、

返信漏れがないかどうかのチェックは、本社サイドや他事業部、役員までもがチェックするようにして、皆で協力している。ＮＩＮＥの場合、その意識は高いと俺は信じている。

何度も何度もその重要性を伝えてきたからだ。

今も同じことを伝え続けている。

次の章で詳しく話すが、コロナが来て緊急事態宣言が出たとき、世の中に先んじて俺の判断でLuxury Salon nine代官山店を営業停止にした際も、その後の度重なる緊急事態宣言で営業停止にした期間も、うちは一件も解約が出なかった。むしろたくさんのお客様が「頑張ってください」とか、「営業再開するまでＮＩＮＥさんから教えてもらったホームケア頑張ります」とかの声をくださり、公式ＬＩＮＥもメールもそういったお声で溢れた。

嬉しかった。本当に社員がいつもお客様に対して一生懸命してくれてるのがこの目で見えたからだ。

普通は営業停止していつ開店できるかわからない場合、いったん解約したいとかで、ある程度解約が出る。だが、NINEにはそんなお客様は一人もいなかった。全く離れずにいてくれたんだ。

俺はその当時、毎日必ずお客様と社員とのやりとりを見るようにしていた。「このお客様、LINE返してないけど大丈夫か？」という感じで俺が全部見て、青木と後潟と一緒にお客様との連携を日々徹底させていた。

「見守る」と「任せっきり」は全く違う。俺は社員がどのような言葉を使ってお客様と連携をとっているのか、成長しているのかを、いつも見守るようにしている。

決してほったらかしにはしないことだ。

21

価格競争は無視。価値競争は本気だ

俺たちはNINEという価値をお客様に提供している。先にも述べたが、こ

れも俺のインスタに載せてある語録で、

「価格競争は無視　価値競争は本気」

というのがある。

NINEは価値で勝負する会社だ。価格を安くすることで競争に勝とうとは思わない。

だから機械も商品も価格交渉には応じない。「高いとお思いでしたら他へどうぞ」というスタンスだ。

そう思われるのは価値を感じてもらえていない証拠だから。

そして、価値を感じてくださったお客様には、お付き合いが始まってからが本当の我が社の力の見せどころだ。契約するまでが仕事ではない。

本当の価値とは、お付き合いを続けていただくなかでさらに感じていただくものだと俺たちは思っている。これからもこのことを忘れずにお客様と真摯に向き合っていきたい。

ほんとにしっかりしたノウハウがあって価値を提供できる自信があるのだか

ら、マージンをいただくビジネス思考ではなく、本当に我々ＮＩＮＥの価値ってもので勝負をしたいと思う。それでお客様が成功したときに、本当の喜びが待っている。これこそがやり甲斐なんだ。

最終的に会社に価値がなければ、死ぬのは俺だ。俺は命をかけてこの会社を守る覚悟をしている。安心しろ。価値を感じてもらったその先に、必ず売上はついてくるから。こんな世の中だから、社員が路頭に迷わないように事業展開も考えている。コロナ禍の最中に店舗展開からＮＩＮＥ Academyを発足したように。

俺は関わった人たちを最後まで責任を持って守っていきたいと常に思っている。一番先に求めるのはお金じゃないんだよ。ＮＩＮＥを通じて出会った人たちが愉しく、ワクワクして、

「お話聞いたらなんか私もチャレンジしたくなってきました！」

とか、

「何か始めたくなってきたー！」

とか、そういうふうに思ってもらいたいんだよ。「お金を前に置くな」と研修で教えるのもそこなんだ。

俺はコロナのオープンラッシュのときもお金で動いたんじゃない。

しっかり準備をして、しっかりと価値を提供すれば、必ずお客様が戻ってくるんだ。お客様は満足度に比例して、付き合っていくサロンや会社を決めていくんだ。

俺たちＮＩＮＥはそういう思考でここまで来た。これからもこの思考で行く。

思考は、現実化する。それを毎日毎日、思い続けることさえできれば。

22

ＮＩＮＥ ＪＡＰＡＮを世界へ！
―ＮＩＮＥの近未来―

俺は美容を通じてたくさんの人に出会い、人の持つ無限の可能性を探求し続けていきたい。世界中の人たちと美容と健康を通じて交流して、いろんな価値観があるなかで、お仕事もプライベートも含めていろんな人の「成幸」に関わりたい。

その一環で俺は2022年から「海外行くぞ」とそればっかり言い始めた。それこそアホみたいに繰り返し繰り返し、いつもいつも言っている。

俺のインスタの語録に、

「自分が日々吐く言葉が　人生を創る」

というのがある。

詳しくは巻末の語録集を見てほしいが、俺がなんで自分が吐く言葉にこだわるかというと、言ってきたことを俺は全部やってきたからだ。

「会社を作りたい」もそうだった。そして今回も「海外に行くぞ！行くぞ！」と言って、すでに香港に6台機械を卸させてもらっている。2023年に入ったら台湾の老舗企業からもお話が来て、7月8月あたりはそっちの仕事で大忙しだった。

そして海外パートナーやいろんな繋がりが増えた。

毎日吐いてたらその言葉の通りになっていく。この感覚は自分の中ですごく大きいし、俺は自分なりに引き寄せる法則を知っている。だから吐き続ける。アホだと、無理だと思われてもいい。言うんだ。毎日寝る前に考える、朝起きても考える、それを言うんだ。

自分が描いた夢の大きさと現実は概ね比例するんだ。

だから大きな夢を持つ。俺が心がけていることだ。

それに、俺が言葉にしたら周りもアンテナを張り、必ずやるぞという気になってくる。

リーダーは常に、自分だけがやりたいことに進むのではなく、なぜそれをやるのか、どんな目的でやるのかという志を持って、みんながワクワクする方向に向かって吠え続けるんだ。

今後は台湾を中心に、アジアに対してメイドインジャパンを広げていく。台湾が順調に進んだら次はシンガポールと交渉だ。俺としてもほんとの大きなチャレンジだ。ここからは俺の人間力が一番重要だと思ってる。対価やお金はその後に付いてくるというつもりでいる。

俺はみんなで大きな夢を持って戦うことに意味があると思っている。だから、そこまで付いてきてくれる気持ちがあるなら、これからも付いてきてくれ。

俺は経営を通じていろんな人と出会ってきた。いろんな社員と出会わせてもらってきた。だから俺もそういう環境を社員に対して調えてあげたい。

「ＮＩＮＥに入ったらこーんなに視野が広がりました！」

「ＮＩＮＥに来ていろんなことに挑戦したくなりました！」

と思ってもらえる会社にしたい。海外に夢を見つけた社員がいたらＮＩＮＥを夢を追うためのツールにさせてあげたい。

もちろん俺自身もまだまだ、世界でチャレンジしたいことがたくさんある。

だからＮＩＮＥのビジョンを成すために一歩一歩向かう意味で、「海外」は必須なんだ。

ちなみに断っとくが、俺は海外ではフランチャイズはありだと考えている。そこは「フランチャイズやらないって言ってたのに！」とかって責めるのは勘弁してくれ（笑）。日本とは訳がちがうからな。

国によって国民性がかなり違ってくるし、同じ機械を販売しても、俺たちの求めている接遇ができなければ本当のメイドインジャパンを届けたことにはならない。だから導入から運営までをより細かく管理する必要があるからだ。

そのために日本の技術、そしてＮＩＮＥの名前を広めていかなきゃならないとなったときに、フランチャイズという選択をする。

ビジネスは目的が重要だ。そして思考が重要だ。始める前の志と思考で展開も大きく変わってくるから。

我々のビジョンはＮＩＮＥを世界に持っていき、美容と健康を通じて、「人の美しさには無限の可能性がある」ということを伝えていくこと。

香港、台湾、シンガポールを皮切りにこれからいろんな海外との提携話が来るだろう。

いつも社員と言っている、「ＮＩＮＥブランドを世界に」を合言葉に、世界に羽ばたくことが今から楽しみだし、ワクワクするよな。

◆コラム／質、量、スピード

みんなは、やりたいこと、成し遂げたいことをスタートするときに、質と量とスピードだったら何を大事にするだろうか。

質が大事だって答える人は結構多いと思う。

俺の考えだと、量だったりスピードだったりが大事だ。

しかし結構みんな、質や効率が大事って口癖のように言う。でも、その間に時はどんどん過ぎるし、数をこなすことで効率は自然と上がっていくんだ。

もちろん、技術のクオリティという意味での質は絶対必要。お客様に何か提供するときには質が重要。

しかし、自分自身がほんとに向上心を持って進んでいけるために必要なのは、やっぱ量とスピードなんだよ。で、量をこなすことで自信も付くし、最終的に質が上がっていく。俺は社会に出てから量をやってきた人間だから経験でわかる。量をやるから次に行ける。

人が遊んでるときに何をするか、人が休んでるときに自分はどういう思考で生きようかって考えて量をこなす人間が、他人との差を少しずつでも広げていくんだと俺は思っている。

遊ぶなとは言わないし、メリハリをつけてどんどん遊べばいい。実際俺も遊びまくってきたから。

でも、だからこそ、みんなにも、遊んでるその時間も量をこなしている人がいることを忘れないようにしてほしいんだ。

きっと皆は、学生のときは受験に合格するために勉強を頑張っただろう。合格したらその目標は達成だ。次の目標を決めなければ次のやる気は湧き上がらない。

社会に出たら何が難しいか。目標や目的を自分で決めなければならないことだ。自分次第でどうにでもなるのが社会だ。東大を出てても、結局は社会に出たら全員と平等で己との戦いだ。

だから、社会人は厳しいぞとか、マナーとか、そういうのも多少あるかもしれないが、俺から言えることは、**「自分が人生の主人公だ」**ということ。

社会に出て、この先きっと60年以上は戦うことになる。だから必要なんだよ。自分に勝ち癖をつける量っていうものが!!

そうできてるか?というのは、俺が社員にも常に投げかける問いだ。

時間を無駄にせず、自分に勝つ。その勝ち癖こそが、そしてその習慣こそが、己の才能を超えるんだ!

Topic5 Takumi's word

自分が

日々吐く言葉が

人生を創る

これってマジでそう思う。人ってどこから始まるんだろう、って考えたときに、想うことから始まるんだよ人って。想ったものが言葉に出てくる。イメージして想うことから始まる。ネガティブなこと言えばネガティブどうしが横につながっていくし。志持っていこうぜ!って言えば、そういう人間が集まって来るし。

結構言葉って、なんとなくみんな口に出してると思う。けど、意識することで人生結構変わるんじゃないかな。自分が吐く言葉をどれくらい自分たちが大切にできるかだよ。

吐く言葉って実現していくな、その通りになっていくな（だからいいほうにも悪いほうにも気を付けよう）と俺が思い始めたのは、「26で独立する」って吐き始めてからだ。言葉で吐いて実現した最初のテーマがそれ。「独立」。常に全員に言ってたからね。

「東京に行く」って言い出した頃はまだ全然そんな、思ってなかったよ。東京に行く頃の俺なんて頭飛んでたから。とにかくやりたいことだけを追ってたし。

俺は日々吐いてる言葉がその通りになってきたから。人に言う。背伸びをする。背伸びをしてそれに追いつけばいい。まず言ってからだ。まず言葉で吐く。デカいこと言いやがってとか思われるだろうけど、それに追いつかなかったらそりゃダサいけど、追いつくんだよ。そこはもう。自分で。

だから言葉は少し背伸びするためのものでもあって。ほんと、サラリーマンが駄目とか経営者が偉いとかそういうのはまったくないから。自分の理想とするイメージを包み隠さず言葉にしていくって俺はすごい大事だと思う。それを恥ずかしいと思うのが日本人で、全然そう思わないのが海外の人たちでね。真面目過ぎずに、楽しんで。自分が吐く言葉を大切に。

Emotion

5

第5章／すべてを貫くもの

―仲間と親への想い―

―― 1

本書の大テーマその1、「感情のままに動く」

感情のままに動くんだ！右にならうな！

この本もついに最終章まで来た。

俺は今回の企画が始まった当初から、

「感情のままに動く」

ということの大事さを伝えたいと思ってきた。

「湧き上がる感情のまま動く」こと、「右にならわない〟」こと、「やりたいと思ったら恐れずに挑戦する」こと――。読んでくれるみんなにそれらの大事さを思い出させることが、この本のすごく大きなテーマだ。

この国は法治国家で、何事につけ「前にならえ、右むけ右」の風潮がある。

学校教育だったり、会社なら会社のコンプライアンスだったりで、自分の本当の感情を抑えつけられてしまっている人たちが今は多いと思う。

そんなみんなに、「そうじゃねえだろ!」と俺は伝えたいんだ。

もちろん、会社や学校にはいろんなルールがあるだろう。

しかし、ルールってものは本来、全員が自由に楽しく、生きがいを持って生きられるようにするためにあるんだ。

これからの世代の若い人たちに対しては特にそれを思う。

大きな夢を持つことと、そのための欲は大切だ。感情のままに動いてほしい。

君たちにはこれから、自分にどれほどの力があるのかをわかってほしい。


感情っていっても、機嫌で動けということじゃない。機嫌と感情は違う。

感情の中には必ず、そのとき自分が大切にしているものや理想にしているものへの志がある。

俺の場合、それは一貫して「仲間」だった。仲間を想う気持ち。仲間を裏切らない心。人を大切にする気持ち。人に与える心。

「わりーことして迷惑かけまくってた人間が何言ってんだ」って言われるかもしれない。――そりゃ、俺の行動で親や人さまには迷惑をかけたかもしれない。けど、それも仲間のためとか、自分の本気の感情のためにやったことだ。俺はそれでどんな悪い結果が生じても構わないという覚悟が常にあった。だから今では、若い頃に親に迷惑をかけたこと、人に迷惑をかけたことを反省はしているが、後悔はしていない。自分でそれを頑張る活力に変えられたからだ。

仲間をかばうために喧嘩をする。仲間と一緒に甲子園に行きたいから野球をする。学校に行ったら意見を押し付けてくる大人どもに反発する。無茶苦茶だったかもしれないけど、自分で決めたことは、自身に嘘いつわりなく〝全部本気で動く〟。それでいいじゃねーか。

人っていうのは、そうやって自分でたくさんのことに気付く人、人に流されない人、人とは違う何かを持っている芯のある人に心を動かされるものだと俺は思ってる。

だから大丈夫だ。ありのまま、志を持って動け！

時に人には自分にとって居心地が良いと知ると変化を嫌う「コンフォートゾーン」というものがある。

しかし、俺は快適な空間を探すより、自分が信じる方向に進化できることを探す。「コンフォートゾーン」より「チャレンジゾーン」を選ぶんだ。

「学校が悪い、会社が悪い、世の中が悪い」——そうやって他責にしていても何も始まらないということ。

人生は長い道のりで、みんなそれぞれに幸せへの価値観がある。一人一人の物差しがあるんだ。

人の物差しで人を測らず、自分の信じたレールを作るんだ。

人ばかり気にせず。人に流されるな。

右にならうな、とはそういう意味だ。

信頼は本気で向き合うことからしか生まれない

俺は教師から叩かれて、納得できなければ、叩き返していた。今の先生たちは誰にビビって教育してんだ？クレームばかり言うお母様連中か？ＰＴＡか？それとも教育委員会か？

俺はそんなのよくわかんないけど、大人が本気で向き合わないと、子供の心を開くことはできないだろ。

熱いものを触ったら「あちい！」ってなるのは当たり前。殴る殴らないとかより、お互い本気でぶつかって痛い思いをしているかが重要なんだよ。

そこに愛情があればの話だ。わかるんだよ、愛情がない怒り方は。子供は馬鹿じゃない。よく見てるし素直に感じるから。先生の気持ちがちゃんとわかるときとか、大人に心を開こうかなって思う瞬間とかがあるんだよ。

そのときを見逃すんじゃねえ。

俺はその当時は教師たち――ただし、第4章最初で言ったように男の教師限定だ――が本気で嫌いだった。

なぜなら、男の教師たちはいつも世の中を諦めたみたいな顔をして、愛情のない言葉を、態度を、俺たちに向けているように感じたからだ。言うことはいつも、シャツをきちんとズボンに入れろだの、寝るなだの、周りに合わせろだの、学校の体裁でしかない言葉の掛け方だったから。

だから俺は腹が立って、「注意するならもっと本気で俺たちに向き合えよ。たとえ殴ってでも、俺らの心に刺さることを言ってみろよ」と思っていた。

金山小学校の井出先生はそうじゃなかった。たくさん怒られて怖かったけど、この先生は俺のことを好きで怒ってることも俺は子供ながらにわかった。だから好きだったんだ。

今そういう、本気で生徒たちに向き合ってくれる先生は、どこにいるだろう。

もし、「本当はそうしたいんだよ！」と思っている先生がいたら、ＰＴＡとか教育委員会とかに忖度しないで、本気で感情のまま子供たちに向き合ってあげてほしいと思う。

だって、先生たちだって、教師になる夢を叶えて今先生をやっているんでしょう？

もともと成りたかった教師像と、今実践している教師像は、合ってますか？自分が生徒の側だったら、今自分がやっている教育に共感できると思いますか？

もし教師像が合ってなかったら動こうぜ。ほんとの理想の教師像が自分の中にあるんなら、少々逆風に吹かれたって世間の趨勢に反したっていいじゃない。戦いましょうよ！

中身のない人こそ肩書きにこだわり、人が作ったルールにこだわるんだ。信頼はコミュニケーションでしか生まれないんだ。あれをやれだのこれをやれだの、勉強しないといいとこ行けないだの、そんな口先だけで頭に記憶させせようとする教育じゃなくて。

教育は、本気で向き合うことで心に記憶させるんだ。子供達がつまずいていたら、良き理解者になり、味方になってあげてほしい。金山小学校の井出先生が、金山中学の教師に「巧が荒れるのはお前たちの教育が間違っているからだ」と言ってくれたように。

総務省を動かした孫さんの本気度

ソフトバンクの孫さんも本に書いていたけど、教師に限らず、大半の大人は、最後死ぬときに「俺の人生、本来こうじゃなかった」って言って終わる。そんなの悲しいだろ？

人生は一回きりだ。そして諦めなければいつからでもやり直せる。

だから、今、必死で、何かに反してでも挑戦して、己の理想を目指していかないと！

先生たちも含めた世の大人たちに伝えたいんだけど、ソフトバンクの孫さんの有名な逸話で、Ｙａｈｏｏ！ＢＢを全国に広げるときに某企業の妨害がひど過ぎて、妨害をやめるよう指導させるため自ら総務省に乗り込んだという話があります。「妨害に対応しなければこの場でガソリンをかぶって火を点けて死ぬ」と言ったというあの話です。

これって、すごいことをしているけど、究極的にはやっていることはただの一つで、

「自分の命を賭けてでも『情報革命で人々を幸せに』という会社理念を貫いた」

という、それだけなんですよ。

俺が「成功者というのは成功したんじゃなくて諦めなかっただけ」と言うのもこういうことなんです。成功者というのは、諦めた人間がたくさんいる中でその人だけ諦めなかったから成功者に見えてるだけ。そんなもんよ。

総務省の担当者は孫さんが本気なのを見て、その会社に妨害をやめるよう指

導すると約束した。一人の決め切った本気の想いというのはそれくらい人を動かすんだ。

だから大人たちにも、この本を読んで動いてほしい。感情のままに。湧き上がる想いのままに。今動きたいと思った人は自分の理想を持っている人だと思うから。

その本気の想いを、たくさんの人たちに伝えていってほしい。

知ってる、やってる、できている――この三つは全く別物だから。

知ってるだけじゃなくて、失敗を恐れずやってみて、諦めずにできるまでやり抜くことが、「事を成す」ということだと俺は思っている。

2

本書の大テーマその2、「モチベーションの源は親孝行だった！」

尼崎の都会から超ド田舎に嫁いできたおかん

「味方になってくれる大人」の原形は俺の場合は、おかんと親父だった。俺が枕崎にいた18年間、両親は周囲の大人たちから散々、「息子はクズだ。頭も悪いし態度も悪い。手に負えない」ときっと言われ続けてきたはずだ。おかんなんか、女で外から来た人間だから特に風当たりは強かったと思う。それでもブレずに、どんな息子でも見放さず最後まできちんと育てようとしてくれた。

おかんも親父も、俺のせいで、俺と同年代の子供を持つ親からはマジで相当、教育できていない親だと思われていたはずだ。おかんの知り合いとか親父の知り合いの息子に俺がしょっちゅう迷惑かけているわけだから。

俺は両親が相手の親のところで平謝りしている姿を何度も見た。一度なんか、親父が土下座した姿を見たこともあった。

初めて親父の土下座姿を見たときは衝撃だった。

明らかに相手の親よりも親父のほうが強い。やらしたら親父が圧勝なのは一目でわかる。けど、そんなことじゃない。道理は向こうにある。その状況が俺はたまらなくて、

「あー……、悪いのはこっちなんだな」

と思った。心臓が痛かった、悔しかった、自分の情けなさに。

俺からしたら最強に強いあの親父が、俺のために頭を床につけて謝っている。おかんが俺のために頭を床につけ謝っている――。

そういうのを見て育ったから、俺は今、プライベートの仲間に対してもＮＩＮＥＪＡＰＡＮの社員たちに対しても、両親と同じ生き方をしようと思っている。親みたいにプライドを捨ててでも、命がけで守ろうと心に決めている。

あのときに親父とおかんがそんな姿を俺に見せてくれてなかったら、俺は今のＮＩＮＥ ＪＡＰＡＮは創れてないし、守れてないだろう。

俺の親父とおかんは、親父がまだ若くて一時期大阪に出ていた頃に出会った。そしておかんは、実家の両親の面倒を自分が見ることに決めた親父と一緒に、出身の尼崎から枕崎に嫁いできた。

親父のほうは三兄弟。長兄、お姉さん——俺からしたら伯母さん——と来て親父は末っ子だ。長兄は鹿児島のトラック業界では大ボスみたいな人で、俺は子供のときからかわいがってもらった。天文館に連れて行かれたときものすごい羽振りの良さでビックリしたのを今も覚えている。

親父は次男で末っ子だけど男気があるから、自分が両親を見ると言って大阪から帰ってきた。おかんはそれに付いてきた。

大阪の都会から南の終点の枕崎の、そのまた奥の金山町に着いたとき、おかんはあまりの田舎ぶりと田舎の風習とやらに悩まされ、泣きじゃくったそうだ。

昨日までいた尼崎は、大阪から西に向かうとまず尼崎、次が神戸というくらいの開けた都会。それに比べて金山町は、バスが5時間に1本程度の超々ド田舎だ。落差がひどい。

しかも、田舎の常として地元意識が強く、外からの人間はなかなか受け入れてもらえない。都会の出身ならなおさらだ。

二人の祖父ちゃんからの学び

想像するだけで大変な境遇なのに、どんなことがあってもおかんは尼崎の実家に逃げて帰ることはなかった。「この人に付いて来たんやからここで頑張る」と決めて、つらいことがあっても耐え切った。

おかんのお父さん——俺からしたら母方の祖父——も肝の据わった人で、「自分で決めたことじゃろ。帰ってくんな」と言っておかんを励まし、時には助けてくれたそうだ。若い頃は尼崎のヤクザにスカウトされて、「俺はヤクザなんかにゃならん！」と啖呵を切ってちゃぶ台をひっくり返したというくらいの人だから、おかんの肝っ玉の据わり方は父親譲りかもしれない。

俺はどっちの祖父ちゃんにもたくさん学んだ。おかんのお父さんもたくさん俺に教えてくれた。

俺が鹿児島を出るときに、おかんからかけてもらった言葉は、祖父ちゃんの教えからの言葉だったのだ。

そんなおかんの頑張りを最終的に認めたのが、嫁ぎ先の祖父ちゃん。親父のおとんだった。

年をとって病気になり、最後亡くなるとき、祖父ちゃんはいつも親父とおかんに感謝していた。祖父ちゃんは「大阪から来てよく頑張ってくれたね」と言っておかんのことをすごく可愛がっていたのを俺は覚えている。

すごく頑固な祖父ちゃんだったけど、弱った体で、最後も俺が東京から帰ってきたら涙して、「お母さんを大切にしなさい」と言ったことも心に残っている。祖父ちゃんはおかんと親父以外の人間を部屋に入れさせず、最後はおかんの手を握って、

「よく頑張ったな。美佐子。ありがとうな」

と言っていたそうだ。

いつも野球を欠かさず応援に来てくれていた祖父ちゃん。最後までみんなのことを想ってくれて、感謝している。

俺はおかんの祖父ちゃんと親父の祖父ちゃん二人から、「人に感謝すること」「自分で決めたことをやり抜くこと」を教えてもらった気がする。この二人からの教えは今でも大切に、日々過ごしている。

一生感謝し続ける

おかんが金山町に来て経験したことに比べたら、俺が一日目で東京のことが怖くなって電話をかけてきたのなんて、「あほか」という話だったにちがいない。

そう考えると、

「自分で決めて出たんやろ。居座り！」

と活を入れてくれたのは、自分が金山町に来たときの境遇を思い返しながら、

「あれに耐えた私が産んだ子が、そんな程度のことに負けるはずがない」

という気持ちがあったんだと思う。

おかんにすれば、

「あたしはもっとすごい恐怖に耐えたんや。あんたはもっと大きな男になれるはずやで！」

と言いたかったんだろう。

俺がそのとき感じていた恐怖や不安なんて、おかんからしたらそれこそ毛の先ほどの、こんーーーな程度のもんだったはずだ。

そう思うと、

「あほか。夢は大きくや。そんな楽しい街に行ってってからに。好き放題やってきなさい」

というおかんの心の声が、今にもあの日の電話口から聞こえてくる気がする。

でも、そんな強いおかんだけど、実はすごく繊細な人だ。傷付きやすいし、泣き虫で、「これ」と決めたら揺るがないぶん、人に裏切られたときのショックがでかい。

その意味で、俺が鹿児島を捨てて東京に出ると話したときも、ショックは相当でかかったと思う。

それでも俺を送り出してくれた。

「離れてしまう。行ってしまう」と感じてものすごく寂しかったはずなのに、「この子の人生や。あたしが止めたらいかん」と思って突き放してくれた。

そんなおかんの気持ちを俺は一生忘れない。そして、今まで散々泣かして悲しい思いをさせたぶん、一生感謝し続けると思う。

親父へ。俺に人生の指針をくれてありがとう

おかんのことばかり話しているみたいだが、親父への感謝の気持ちもこの場を借りて言わせてほしい。

親父は俺に、男として大切なことを教えてくれた。

子供の頃、親父は俺と風呂に入りながら、

「巧、お前はジャイアンになれ」

といつも言っていた。

ジャイアンはのび太を虐めているかもしれないけど、のび太がピンチのとき

は必ず助けるだろ。そして誰よりも頼りになるだろ、と。

普段はユーモラスであれ、そしてやるときは、どんなに風当たりが強くても自分が前に立つんだ、と。

俺はそれを聞いたとき、「強く生きよう」と誓った。人を救うことができるくらい強い男になろう、と。

親父、俺に人生の指針をくれてありがとう。親父以上に強くて優しい男になりたいと思わせてくれてありがとう。「この人を超えたい」という気持ちを俺に植え付けてくれてありがとう。

その気持ちがあったから俺は鹿児島を捨てられたし、東京で仲間をたくさん持つこともできたと思ってる。「成せばなる。成さねばならぬ何事も」と毎日言い聞かせてくれたことも含めて、本当に感謝している。

俺は親父の背中を見て育つなかで、この人は他人を思いやる気持ちを誰よりも持ってるんだな、と感じていた。

少年野球で子供を指導するとき、親父は子供たちだけじゃなく、親御さんたちへの気遣いもすごかった。そして、教え子達が育って中学、高校に行っても、一人ひとり試合を見に行ったりして、いつも気にかけてた。一人ひとりに全力で向き合っていたよな。

俺は親父のそういう姿から、「目の前の相手に全身全霊で本気で向き合う」ということを、知らない間に学んでいた気がする。だから俺も出会った人間には真剣に向き合うし、「出会った人間の人生を俺が変えてやる」と思う俺が形成されたんだ。

教え子が自分のところを卒業してもいつまでもみんなの監督でいる、そんな親父の志を、俺はいつも見ていた。

だから、親父が今経営者になった俺に対して、

「社員に感謝しろよ。一人で今の自分があると思うなよ」

と言ってくれるのも、すごく響くんだ。親父自身が誰よりも人を思いやっている人なのを俺は知っているから。

「お前は東京に行ってほんとによかったな。こんなに周りの人に支えられて、ほんとによかったな」

と言ってくれるたびに、親父が俺に対してもずっと愛情をくれていることを感じる。そして、こんなに愛情深く人に接することができる人はいないと感じる。

親父に一言――。長生きしてくれ。俺にもっともっと親孝行をさせてくれ。もっと楽しいところにたくさん行こう。これからの人生も俺はずっとそばにいるから。

枕崎に帰るたび、親父とおかんに「ただいま」と最初に声をかけるたびにいつも思う。

「この人たちにあと何回会えるんだろう」

と。そして親との時間を大切にしようといつも思うんだ。

みんなにも親孝行の気持ちを大事にしてほしい。

だからこそ今も一番のモチベーションの源は、やっぱり親孝行の気持ちだ。俺が人生で一番感謝している人はキレイゴトなしで親父とおかんだ。俺は親に対してできることは何でもしてあげたいと思っている。子供の頃にあれだけ迷惑をかけたんだ。いくらやってもやり過ぎということはないだろう。実際、今までもたくさんやってきた。親が東京に遊びに来たときはいろんなところに連れて行った。欲しい物は何でも買ってやった。中でも二人きりの寂しい生活を変えたのは、俺がサプライズプレゼントしたおかんが今かわいがっている愛犬の金太郎だ。実家には今やドッグランまであり、楽しい日々を過ごしている。

誰だって親がいたから生まれてきたわけで、親孝行って、人として一番大切なことじゃないかな。

俺はＮＩＮＥのみんなにも親孝行をたくさんしてほしい。仕事はみんなでカバーできるけど、親孝行って子供である君たちにしかできないんだから。

3

本書の大テーマその3、「同志と呼べる仲間とともに、一生挑戦を続けたい」

大切な人のためなら

親以外も、自分が大切にしたい人のために動くのも一緒だ。

親友とか恋人のためにでもいい。大切な人にこういうことをしてあげたいって気持ちを大切にしてほしい。

俺はＮＩＮＥを、そういうときは全員でカバーしてその人を早く帰らせてあげるような会社にしたいと思っている。

俺自身も、「仕事なんかすんな！早く行ってやれ！」と言える経営者でありたい。

親孝行の気持ちとか大切な人を守りたい気持ちとかって、それこそ理屈抜きで湧き上がってくるだろ？そういうのを大事にしてほしいんだよ。それも「感情のままに動く」の一つなんだ。

一般的な企業と一緒で9時に来て6時までいて、みたいなのも、それはそれで大事かもしれん。けど、俺の中では、そういう、感情を大事にして仲間同士でフォローし合える会社にしたい。その代わり、やるときはちゃんとやるんだ。社員がやりたいことをやれる会社、やりたいことが叶う組織——。俺はNINE JAPANをそういうワンチームにしたいんだ。

ルールというものはもちろんあると思う。けど、ルールは自分たちが組織で楽しく在るためのものだ。年間テーマにも掲げているように、「こんな会社、仲間と出会えてよかったね」と自分の大切な人々に言ってもらえる会社にしていこう。

お金は一つの道具に過ぎない。お金は使い方によって良くも悪くも、何にでも生まれ変わる。大事なのはその道具を何に使うか、使い方を自分がいかに磨くかということだと俺は思っている。

俺自身は、仲間と目指すビジョンのために使い方を磨くつもりだ。

貯金してても道具（お金）の使い方などわかりゃしないさ。

せっかく自分が頑張ってつかんだ道具（お金）だろ。だったら、自分のため仲間のため、そして人々のために使えるよう努力してみたら、もっと磨きがかかるぞ。

そして、大切なのは、「自分が核となって大切な人を幸せにしてやる！」という気持ちを持つことだ。

自分自身が自分と向き合い、真剣に生きてる。そのなかで生まれる親孝行の気持ち、大切な人を幸せにしてやりたいと思う気持ち。これが大切だということだ。

自分の人生はそっちのけで人に与えるなんてことは、人は望まない。君の人生の主人公はあくまでも君なんだ。

〈楽〉と〈苦〉2枚の切符を選択させられるときこそ常に〈苦〉を選べる人間になり、その核を自ら創り、大切な人へ、たくさん目一杯、家族に仲間に世の中に孝行してほしい。

人生は片道切符だぞ。人生にリハーサルはない。今が本番、やり直しなしだ。

お前の人生の主人公はお前だ

俺は人よりも強運な自信がある。それは物事の捉え方を常に意識しているからだ。

人は考え方、価値観、捉え方次第で何事も見方が変わる。

何より、捉え方が重要だ。物事の捉え方を磨けば強運になれる。

そして俺は、人を巻き込む力を磨こうと今も思い続けて生きている。

俺が人を巻き込むときに意識することは、その人の未来を想像させることだ。ワクワクしてもらうんだ。「俺に協力してくれ」ではない。

「みんなに人生があるんだ。お前の人生、主人公はお前だ。だから挑戦するんだ」と伝える。

学校では答えのある課題に正解を出せることが評価される。それが学校だ。

社会では答えのない課題に対処できることが評価される。それが社会だ。

そして人生には答えがない。だから自分で答えを出し続けるんだ。

俺は仲間たちを多く巻き込んで今がある。俺に興味を持ってくれた人間たちを巻き込んで今がある。

仮に人に意見をぶつけて嫌われたとしても、根本に愛情があれば、そして志があれば、必ず、想いは伝わり、最高の仲間へと発展していけると俺は信じている。

嫌われることを恐れる人生より、相手の人生を変えるような言葉を、俺はこれからも投げ続けていきたい。

実際にそうしてきて今、最幸の仲間にめちゃ恵まれている俺が言うんだから、そうしたほうが想いが伝わることは間違いない。

みんな挑戦を続けながら生きている

大きな挑戦には、もちろん敬遠されたり、否定されることもつきものだ。

でも、周りの目や意見だけを気にしていても前には進めない。

うまく行っていないときこそ俺は命を賭けた大きな決断をしてきた。

うまく行っているときには決断など楽勝だ。そんなのは誰でもできる。

うまく行っていたら心に余裕があるから、いくらでも決断できるんだよ。

しかし、人生がうまく行ってないとき、理想と現実のギャップが大きいときほど、どれだけ命を賭けた決断をできるかが本当の勝負になると俺は思っている。

そういうときには俺は命を削る覚悟だ。俺はそのときは誰もが驚き、ワクワクするような決断をするんだ。

普通の人間なら、「今はうまく行ってないからうまく行ったときに決断すればいい」と思うだろう。

逆だよ。人はうまく行っていないときこそ、本当の人間力からの決断が下せるんだ。俺は心からそう思う。

だから俺は大抵、うまく行っていないときこそ大勝負をかける。

勝ち癖をつけるんだ。負け癖ではなく勝ち癖だ。負けそうなときこそ、大きな決断をすることで風向きを変えるんだ。

人生も同じだ。

だから俺は、社員のみんなは、俺のことを信じて、ＮＩＮＥが掲げる理念

――「人の美しさには無限の可能性がある」「成幸」――に向けて邁進してほしいと思う。

そのときはイメージの力がすごく大事だ。最初から「無理だ」と思う人は自分の持ってる可能性に挑戦しようとしていないだけで、本気で想い描いて挑戦し続ければ人は必ず理想に辿り着けると俺は思う。

俺自身、こんな人生になると思ってなかったけど、〝こういう自分〟になりたいという理想は常に想い描いていた。だから東京にも出て来られた。

俺は東京に来てからほんとにいろんな強烈な人たちに出会ってきた。その人たちとの出来事の一つひとつが、今、自分の挑戦に繋がり、人間力にも繋がっていると思っている。

挑戦すれば可能性は一つ、二つと広がるんだ。

特に若い子たちに伝えたい俺からのメッセージ

今の若い子たちはみんな、自分の人生をどう考えているだろうか。

俺も夜ふらふら遊んでた頃、めちゃ楽しかったよ。楽しかったけど、楽しいね楽しいねって言いながらも、不満というか不安は、いつも抱えていた。今の若い子たちもそうなんじゃないか？

だからこそ、みんな、その心の穴を少しでも埋めたくて、少しでもワクワクするほうへワクワクするほうへ、自分なりにもがいて足掻いて、カッコ悪くっても挑戦を続けていくべきなんだ。

楽ではなくワクワクするほうへ進もうとする思考の人はやっぱりみんな人生が変わっていく。

でも、そんな人だって走り続けてるわけじゃない。俺だって立ち止まるときもある。休むならとことん休めばいい。休む時間が必要なときもあるんだ。そこで初心を振り返ったときこそ、大きくジャンプできる。初心忘るるべからずだ。

意識するんだ、初心を。休んでるときも。俺はそれを何度も繰り返し、今がある。

何のために俺は今生きているのか、何のために動いているのか。もっと言えば何のための休憩なのか？そして何を叶えたいのか？

休んでるときも君は前進してるんだ。焦るな！ぼちぼちでいいんだ。いつでもワクワクを見つけたとき、そう動こうと決めたときはポジティブに。いつだってそう決めた日が君が変われる唯一の日なんだ。

自分のやりたいこと——Wants（ウォンツ）——を叶えるためには、できること——Can（キャン）——を増やせばいいだけだ！そのちっちゃな積み重ねが、いつの間にか、

「あ、私、できるようになってる」

という自覚に変わって、自信がついてちょっと自分が頼もしく思えたりする。

みんなそうやって生きてると思うんだ。

人生はそれぞれだ。人にはそれぞれ、自分で決めた、登るべき山がある。「我が道は人が決めるものではなく自分で切り拓くもの」なんだから。君だからこそできることが必ずある。

って言っても、人生なるようになっちゃうんだよね。どんな自分になりたいかさえ思い描ければ。

だからさ、今日も気楽に生きようや。気が向いたら、前に進んでいこうや。君ならできるよ！この本を読んで少しでも勇気が湧いてくれたなら、いつか一緒に酒でも飲むか！人生語ろうぜ！

仲間より〝同志〟が欲しい

人生に不安は付き物で、その中で気が合う人、気が合って楽しく飲める人を一般に仲間と言うならば、俺はもうそういう意味での仲間はいらないと思っている。

そのせいだろう、少し前から俺は、経営者交流会とかパーティーとかの類に行かなくなった。お付き合いでどうしても行かないといけない会にしか参加しなくなった。

昔は俺も世間並みに、「人脈も広げとかなきゃ」みたいな考えで参加したこともあったが、今はほとんどなし。本当に人としてお付き合いを続けさせてもらっている方の集まりに挨拶で顔を出すだけで、それ以外では、なんでそんな〝社長ごっこ〟をしに行かないといけないんだと思っている。

「どうも大園です。あっ！どーも社長！その節は！いやー、盛況ですねー」

みたいなふうにやってる俺を想像できるか？（笑）
第一、もともと俺は業界でも超一匹狼で有名だしね。

だから、経営者どうしのパーティーとかで若い人たちが、腹の出た年かさの社長さんに、「最近会社を立ち上げまして」みたいなことをして取り入っているのを見ると、「何してんだこいつら」と思う。

それでまたその社長が、「おー、そうかそうか。頑張りたまえよ。はっはっはっ」みたいに喜んでる。心底「はあ？」って思うよ。

そんなことをやるより俺は自分の会社で、社員と一緒の空間で、

「あっ、あの子成長してきたな」

とか、

「おっ、あいつイイ感じだな」

と思って見ているほうがずっと楽しい。

それはなんでかっていったら、社員は一緒にチャレンジしてくれている同志

だからだ。

例えば君がこれから起業する人なら、どうすれば人を繋いでもらえるか。

俺がいつも思っているのは、本当に必死に夢を追いかけ、死に物狂いの目をしていて、命を賭けて誰かを守っている人や、社員のため人のために体を張って頑張れる経営者に、人は人を繋いでくれるということだ。

〝なんとなく経営〟で会社を作ってパーティーにノコノコやってくるような人間に、自分の大切な人脈や大事なコネクションを繋ぐわけがない。

それよりも、必死で、命をかけてでもこいつを守りたい、この一人の社員を守りたいんだ、だからこういう仕事をやっていきたいんだ、という熱量と執念を持った経営者に、人は魅了される。

俺はマジで死に物狂いで、このＮＩＮＥ ＪＡＰＡＮを強くするつもりで頑張ってきた。その想いが今社員にも届いて、俺たちのＮＩＮＥ ＪＡＰＡＮの価値を少しでも多くのサロンさまに届けようと頑張ってくれている。社員たちは俺の大切な同志だ。本当に感謝しかない。

本気のやつに、人は本気になるんだ。

口先だけの交渉など、その場しのぎの戯言でしかない。

緊急事態宣言中にサロンスタッフを送り迎えした

チームを強くするということの関連では一つ思い出すことがある。

コロナ禍による緊急事態宣言が出るか出ないかで世間が騒いでいた2020年春、国が宣言を出す前に、俺は自分の判断でLuxurysalon nine代官山店を一時的に営業停止にした。おそらく宣言が出ると読んで先手を打ったのと、お客様に不安な状態で来てもらうのは申し訳ないと思ったのと、そして何より、社員たちを毎日不安な状態のまま働かせるわけにいかないと思ったからだ。

当時のＮＩＮＥはまだちっちゃな会社で、代官山店1店舗しかなかったから、経営的にも正直痛かった。が、社員の安全を第一に考えた決断だった。

そのうちに案の定、緊急事態宣言が出て、大手では顧客が離れる店が続出して、最初から営業停止にしとけばよかったのにね、という話になった。

Luxurysalon nine代官山店は結局1ヶ月半ぐらい営業停止にしていて、緊急事態宣言も解け、再開を望むお客様の声も高まっていたから、一日2名様限定ぐらいのごくごく小さな規模で営業を再開することを決めた。

そのとき俺が何をやったか。俺と後潟で毎日サロンスタッフを送り迎えした。電車で来させて大切な社員を感染させてたまるかと思ったし、社員も電車で来るのは不安だという声もあったから。

多くのメディアは不安ばかりを煽った。こっちはそんなのに負けられなかった。真剣な戦いだった。

神奈川や千葉に毎朝迎えに行って、帰りも送って。1ヶ月近くそれを続けたと思う。後潟も、「社長の決断はいつも間違いないから自分も全面的に協力します」と言ってくれた。スタッフは「毎日ありがとうございます」と感謝してくれた。

別に俺はこの話で自分の行動を自慢したいんじゃない。このこともこの規模だからできたのかもしれない。そうじゃなく俺が言いたいのは、

そこまで社員のことを考えて、実際に今できる行動をしていますか？

ということなんだ。

俺にとって社員はただの従業員ではなく、大切な同志だ。同志を守るためならそれぐらい当たり前の行為だと俺は思う。

「ありがとう」の対義語は「当たり前」だ。当たり前という意識が前に来ると、ありがとうという気持ちは消えてしまう。

俺はそのとき、送った自分に感謝してくれなんて思わなかった。そんなんじゃなく、むしろ、店舗が閉まってこんな環境に自分が置かれて、社員が今までお客様に対ししてくれていたことに俺が本当に感謝しなければならない、とあらためて気付いたんだ。

そんな環境になったからこそ俺は、社員がいることが当たり前と思ってはならないと気付かされた。俺たちの結束は以前にも増して強固になった。

そして俺たちはそこからいろんな展開ができるようになったんだ。

本気でお客様のことを大切に思うなら

あと、お客様のことを普段から本気で考えているかどうかも、こういうときの決断に現れるんだな、ということも知った。

俺は緊急事態宣言の前に自分の責任と判断において営業停止にした。けど、大手サロンさんの多くは、お上の緊急事態宣言が出るまで企業としての判断を棚上げにしていた。

そりゃ、従業員が何百人もいたら簡単なことではない。

しかし、それはお客様に対して誠実な態度と言えるだろうか。

こうなるかもしれないからそのときはこうする、という準備をしなかったサロンは、「すいません、営業できなくなりました」という話を急にするしかなかった。お客様は当然離れた。

それは俺に言わせれば、あえてキツイ言い方をさせてもらうが、

「離れても構わないというぐらいにしかお客様のことを考えていなかった」

としか思えない。

俺たちのＮＩＮＥはそうしなかった。

「お客様の安全のため、今だけお休みします。そして必ず再開します。再開したあかつきにはもっと素晴らしい技術と感動をお届けすることをお約束します。だから今はオンラインで、私たちにできることを全力でサポートさせてくださ い」

というアナウンスをお客様に向けて発信した。そしてオンライン上のサービスを中心として充実させていった。

NINEと他のサロンさんとで何が違っていたのか。

「お客様をお迎えすることができなくなります／なりました」という情報を出すというそのこと自体は他のサロンさんと同じだ。

けど、出し方が消極的＝「こうなっちゃったんでごめんなさい」なのか、積極的＝「こうこうこうするために今はこうします」なのかで、受け取り方は全然違ってくる。先に物事の捉え方が重要だと言ったのはこの意味でもある。NINEでは、通えないお客様が不安にならないように、また、効果が半減しないようにと、ホームケア方法の動画配信なども積極的に行った。

そこまでお客様の立場に配慮できていたかどうか。

もっと言えば、**本当に本気でお客様のことを大切に思っていたかどうか。**

ここが決定的な違いだったと思っている。

これからもNINE JAPANの運営に当たってたくさんの問題や、乗り越えなきゃならないことは多くあるだろう。

しかし、俺は何があっても、どんな状況でも、相手の人の立場から自分や会社のことを見るような、そんな癖を付けておくべきだと思っている。

言葉を共通させたい理由

言葉は本当に大切だ。例えば育成の言葉のかけ方だ。

俺が今育成で一番意識しているのは「言葉を共通させること」だ。

例えば、俺が言った、役員が言った、上司が言った、その言葉がバラバラだったら絶対にいけない。会社が上手く行かなくなるのは大抵はこういうところからだ。

「説得するな。納得してもらうんだ」とＮＩＮＥの幹部にはいつも伝える。

「勘違いしてはならない。部下や人を言葉で説得しても、正直次はない。納得が重要なんだ。説得では人は心残りが必ずあるんだ」と。

特に、俺が目指す〝志経営〟を進めるうえでは、言葉を統一することはものすごく重要だ。

人は言葉から人生が創られ、現実もその通りになっていくからだ。

俺は社員に厳しい指摘をすることも多い。しかし、そういうときは必ず、「会社や俺たちは何のために今NINEをやっているんだ?志は何で、俺たちが集まる目的は何だ?」

という問いかけとセットで指摘する。そして俺自身も、初心を忘れないように戒めるつもりで自らに問いかける。

NINE社内でのテーマはさっきも言ったけど、いつも、社員全員が「そんな会社、仲間と出会えてよかったね」という言葉をそれぞれの大切な人から言ってもらえる環境にすることだ。

想像してごらん。親や親友や恋人からそう言ってもらえたら自分がどれだけ元気になれるかを。それくらい、人から出る言葉ってものは人を傷付けることもあれば、救うこともでき、人生を導くことさえもできるんだ。

ＮＩＮＥを卒業していく仲間には

ＮＩＮＥの社員の未来について、大きな夢を持ち、たくさん挑戦してほしいという気持ちは俺は経営者になってからずっと持っている。

だからこそ、いつまでも社員をＮＩＮＥに置いておくつもりはないんだ。それは全員に対してそうだ。やりたいことがあるんなら、ＮＩＮＥから羽ばたいてやってくれたらいい。

勘違いしてほしくないのは、もちろん俺自身は心からずっと一緒にやっていきたいと思っているし、願っているということ。

けど、人生って何が起こるかわからないから。

もし社員にもっとやりたいことが見つかって、その夢を叶えたいというのであれば、

「じゃあ、俺に協力させてくれよ」

って言える経営者でありたいと思う。

俺から「もうお前らとはやらねえ」となることは絶対にない。それは保証する。

けど、社員から「新しい挑戦をしたいです」と言われたらそれまでだ。そのときは、

「NINEで新しい挑戦を見つけさせることができなかった。よし、もっとデカくならなきゃな」

と思ってそこからもっと頑張る力に変えて乗り越えてきた。

だから俺は今も必死で走ってるんだよ。もっともっとデカい人間になって、NINE JAPANに関わる社員たちにもっと「人生楽しい。私って最高だ!」と思ってもらえるように、自分の夢に関してもっと大きい世界を見てもらえるように。そのために俺は頑張るんだ。

海外に歩を進めたのもそのためだ。俺が先頭を切って扉を開ければ、その先

の世界に挑戦しようと思うような社員が集まっているのがＮＩＮＥだから。海外とか世界に向けて大きな扉が開いた時、俺と一緒にやっていきたいと言ってくれるんなら、俺は喜んで、

「一緒にやろうぜ！」

と言うだろう。

俺にとって〝仲間であり同志〟というのはそういう関係のことだ。決して馴れ合いじゃない。依存してるわけでもない。互いにリスペクトしながらそれぞれに夢を追いかける関係。そういう関係に恵まれた人生って――、

最高だよな！

人の挑戦を邪魔するような人間になるのではなく。

人の成長こそ、大きく心から、喜んであげるんだ。

それが、自身の成長と人間力を創る、とっておきの方法だと俺は信じ続けたい。

Topic6 Takumi's word

準備してる

人間にしか

チャンスは来ない

これ何が言いたいかっていうと、準備してるからチャンスに気付けるんだよ。来る来ないの前の話なの。来ても準備してなかったら気付かないから。チャンスなんかいくらでも転がってるよ、とか言う人いるけど、転がってないからね。だって、準備してないと気付かないんで。生涯気付かないんで。

で、その準備って、そうなりたいって自分が心から思ってるかどうか。なりたいって思ってること自体が何かの準備だったりする。波長なんだよ結局は。自分が吐いてる言葉によっては、何かが生まれたときには気付いちゃう。「あ、これだ」とか、「今波長が合った」とかって。それが人との組み合わせでも、「あ、合った」っていうのがある。

それって相手が経営者かどうかなんて関係なくて。昔からよく言われる「サラリーマンなんか」って変な風潮があるけど、サラリーマンはサラリーマンでね、「サラリーマンができない人間が成功できる」とは俺は思わない。サラリーマンを経験したからこそできることがある。俺はサラリーマン時代にやっぱりすごい考えたからね。

だからやっぱり、今日一日とか、今いるポジションだったりとかを、自分で否定するんじゃなくて、その経験をね、自分の中でボルテージを上げるのに使えるぐらいの人間になれれば。絶対何かしら、自分経営もそうだし、必ず上手く行くよ。

Epilogue

おわりに

――もう一度立ち上がりたくなったすべての君たちへ――


俺の人生を振り返る旅にここまで付き合ってくれて、ありがとうございます。

「最後までお付き合いくださりありがとうございます」とは言わない。俺の旅は終わってないから。まだまだ続くからな。

そして君の旅も、**君が自分の人生を諦めない限り続くぞ。**

君自身そのことを知っているはずだ。

俺が東京に出るとき、俺は親父に「絶対成功して帰って来るから！」と言った。

親父は「お前みたいなやつが大社長になれるか！」と言った。「お前が行ってもヤクザか不良にしかならん」と。

そのときの俺は親父にそう言われる程度のやつだったかもしれん。けど、俺は自分自身を信じていた。心では絶対、親父もそんな俺を信じてくれていたと思う。

誰かが信じてくれるから人は目指す夢を追いかけられる。親父が俺を信じたように、

「俺は君の可能性を信じてるぞ！」

ということを、俺はこの本を書くことで君に伝えたかった。

「君の人生の主人公は君だ！」と言いたかった。

人は誰もが無限の可能性を持っている。君も持っている。

俺はそう確信している。

だって、この本を読んでわかるように、俺みたいなやつがここまで来れる人生になるんだから。

たくさんの仲間を巻き込めるようになるんだから。

自分に嘘だけはつかないことだ。素直に生きるんだ。

俺は以前、「叶えたい夢とかやりたいこととかがないと悩んでいる子供や若い人に、なんて言ってあげたらいいか」という相談を受けたことがある。

そのとき俺は、「やりたいことの前に、今できることを一生懸命やることが大事だよ」と答えた。今できることを一生懸命、ほんとの意味で死に物狂いで今一生懸命にやってる人は案外少ないから。

夢はみんな絶対にあるよ。自分で気付いていないか、たまたま今見失っているだけで。

そしてそれを見つけるのにも、やっぱり努力と挑戦が必要なんだ。単純だろ。その単純な当たり前を当たり前にできる人こそ、信念が強い。

そして、今もし悩んでる子がいたら、俺は思うことがある。

今君がどれほど時間をかけても外せない知恵の輪を一瞬で外せる人っていうのは、いるんだ。一人で抱え込まず、家族、親友、仲間に相談してみろ。そして前に進め！

そういう人たちはそのときには必ず君の味方になってくれることを俺も信じている。

綺麗に生きようなんて考えていたら、〝らしさ〟は出ないぞ。

君らしさ、それが俺がこの本で伝えたい、君の可能性なんだ。

努力すること、挑戦すること。今できることを一生懸命やり切ること。

仲間に対して、家族に対して。仕事ではお客様に対して――。

今の自分ができるマックスまで、日々やり切っているか？

今自分にできることは何だ？　それで最善を尽くしているか？「一日遅れは一年遅れ」だぞ。

それを問い続けた先に、なりたい自分を見つける方法も、なりたい自分になる方法もあるんだ。

俺は自分の半生をさらけ出すことでこのことを伝えたかった。ホスタクもこんな風に足掻いてもがいて生きてきたのか、と知ってほしかった。

そして、**「よし、ホスタクができるなら俺も私もできる。自分もやってみるか！」**と思わせたかったんだ。


だから何度でも言う。

夢を諦めるな！　なりたい自分になることを諦めるな！　前にならうな、右にならうな！　諦めない心で、本当の自分の才能を築き開花させるんだ！

雑誌とかテレビにはいわゆる成功者と呼ばれる人たちが出てくる。それを見て「自分には無理」なんて思わないでほしい。

これは逆説でもなんでもなく、成功者は成功なんてしていない。むしろ本人からすれば、「まだ挑戦してる途中だから、成功とかわからないですよ」というのが本音だ。

だから成功者なんてものはこの世に存在しないんだよ。

じゃあ彼らは何なのか。すごいな〜とか、憧れるな〜とか感じる彼らは何と呼ぶべき存在なのか。

〝志高き挑戦者〟だと俺は思う。

みんなは昔、学校に合格するために頑張ったかもしれない。けど、人生は社会人になってからのほうが長い。社会に出てからの頑張りにこそ磨きが必要だ。

そうやって頑張って頑張って、磨いて磨いて、夢が実現に近づくと、もっと先を目指したくなる。だから挑戦は終わらない。人生が続く限り。

ということは、全員がいつまでも〝志高き挑戦者〟だ。

君も同じだ。チャレンジャーなんだよ。

だから、もし失敗しても「敗けた」とか思わなくていい。

「よし、じゃあちょっと休憩して、もう一回チャレンジするぞ」と思えばいい。君自身が諦めない限り試合はまだ途中だ。

2022年映画化されて再ブレークした『SLAM DUNK』で、安西先生が「あきらめたらそこで試合終了ですよ…?」と言う場面があるが、俺自身もめちゃ諦めが悪いタイプだ（笑）。

その経験から言うが、諦めずに続ければ必ず何かが見つかるんだ。

天職とか成功ってのは諦めたくなった瞬間の〝もう一歩先〟にあるから！

人生という試合は一回しかない。それを途中で諦めるのか?自分から?

試合終了の笛はまだ鳴ってないぞ?少なくとも俺は、君の試合が終わったとはこれっぽっちも感じてないぞ。

でも、もし君が今少し疲れていて、元気をもらえる言葉を求めているなら、俺が若い頃にもらって大好きになった言葉を君に贈ろう。

「一生懸命頑張って、早く最高に来い！」だ。

俺はこの言葉を聞いたとき、

「一回の人生、一生懸命に愉しんで、早く幸せをつかもうぜ！」

という意味にとった。

〝最高〟って人それぞれだ。金持ちが最高なんじゃない、有名になることが最高なんじゃない。そういう単純な最高じゃなく、それぞれの価値観で本当に心底、「今の俺、最高だ！」と思える瞬間。それに辿り着こうぜ！

今が一番幸せって自分が思えることが、俺らの理念の「成幸」なんだ。


最後に、俺の大切な人たちに向けて一言ずつ。

親父へ。

俺に「親父を超えたい」と思わせてくれてありがとう。これからもたくさん教えてくれ。

おかんへ。

「人生一回きり。自分に嘘だけはつかず生きなさい」という心構えを俺に植え込んでくれて、ありがとう。

兄貴へ。

いつも先頭を切って俺の味方をしてくれて、そして俺をいつも守ってくれてありがとう。兄貴がいるから俺は人生を思い切り生きられているよ。

NINEの仲間たちへ。

俺のところに来てくれてありがとう。俺たちはこれからもたくさんいろいろな方々に出会い、自分たちも成長させていただき、それぞれ自分の人生を必死に生きていく。そして、俺たちは何万社ある会社の中からこのNINEでチームになった。そのことが自分の人生の幸せのきっかけになるくらい〝今〟という瞬間を生きてほしい。

そしてこれからも一緒に俺たちの志を追いかけていこう。これからも世界の方々とNINE JAPANを通じて繋がっていこう！

会社はみんなが主役です。

一人一人個性を活かし、輝け‼

そして、この本を読んで立ち上がりたくなったすべての君たちへ。

感情を殺さず、右にならわず、自分の人生、生きてほしい。大切な命だ。

もし苦しくなって、どうしようもできなくなったら一回休んで、そして少し前へ。人は気持ち次第で何にでも変われる。君の代わりに生きてくれる人はどこを探してもいないんだ。

もし困ったときは我がＮＩＮＥ ＪＡＰＡＮに応募してこいよ！

人には無限の可能性がある。

人が持つ、人間の力は最高なんだ。

昨日と同じ今日を過ごせば明日も今日と同じだ。

昨日よりも今日、今日よりも明日、一歩だけ前へ！親から授かった人生、君の物語はもう始まっている。

何度でも言う！右にならうな‼さぁ進め！人生の主人公は君だ。


〈了〉

大園 巧を
もっとよく知るための巻末索引

〈巧 語録集〉

50音順

【あ行】

「諦める」「見切りをつける」 全然違う

「明日」とは明るい日と書く 希望を持って 楽しく生きた方がいい

遊んでる時、仕事で成功したいなって考えてた 仕事してるときは 遊んでる人いいなって考えてた
今は仕事の中にたくさんの遊びを組み合わせようと考えている

頭で決断しない 心で問いかける どんな結果でも心が答えを出したら良い結果になる

新しいものを 生み出すためには 世の中の 常識というものから 自分の思考を ぶっ壊すことから始める

圧力、理屈で説得しても 意味はない 説得させる

より　納得させること

ありがとうの数が自分の人間力

生きてる限り、命は君に対する期待を　捨てではいないはず

意見が違うから　お互いにいる意味と　存在価値がある

田舎から出てきて　想像もしていない環境にはなった　でも昔、自分が強く描いてた　理想は少し今の自分のイメージだった

田舎にいるとき、あと10年したら　俺も周りの先輩、仕事仲間と同じ人生を歩むんだ。　そう思ったら、俺は次の日東京へ向かってた

井の中の蛙　今のこの時代　そんな蛙はどこにもいない

営業時代思っていた　どうせ会社の指示に従わなきゃいけないと　でも従うなら　一筋縄ではいかねーと　自分も周りも楽しくなるように俺が変えてやると　そう思って仕事した

大金持ちになれるわけない　金持ちになれるわけない　ずっとそう思ってた　でも「挑戦」したら少しずつ思考が逆転していった

お金、結果を求めるよりも　成長を求める　そして「誰かに」貢献しよう　とする　そういう人を優秀と呼ぶべき

お金で釣るやり方は　長くは続かない　なぜなら努力もせず　次もお金の交渉してくるから

お客様第一　でも、まず社員が大切　社員を大切にしたら　社員がお客様を大切にしてくれる

大人になったら「なぜ」を探さなくなる　子供のころは全てに対して　それはなぜと問いかけていた

全てに素直に興味があったから　大人になっても仕事も人生も常に「なぜ」と問うところから　良いものが生まれてくる

【か行】

会社がやってくれない。　そういう人には　会社も同じことを思ってる

会社、上司に評価されたいなら　評価せざるを得ないくらい　俺ならやる

会社とは役割のある集団組織　ただの集まりになったら　組織は崩れる

会社の評価　それは世間、お客様が　決めるもの

「会社はみんなが主役」社長だけが主役になってうまくいってる会社を　俺は知らない

価格競争は無視　価値競争は本気

過去は消えない　でも、アップデートはできる

家族がいるから行動できない　子供がいるから自分の夢を諦める　いや、人のせいにしてはいけない

きっと自分の信念があれば　全員わかってくれる最高の理解者

「課題」そこにたくさんの収穫がある

勝ち癖、負け癖は、自分の道を大きく分ける

気遣いできる人　素晴らしい　心遣いできる人　もっと素晴らしい

きっと10年後はこうなってる　必ずなる　10年間毎日　そう思い続ける事ができたら

決めてから動く　遅い　動きながら決める

今日の最善は、　明日はもう最善ではない　一日遅れは一年遅れ

今日も誰かに　一つ信用をしてもらえる　ように生きよう

綺麗に生きよう。　そればかりでは「らしさ」は出ない

苦しさの後に楽しさはある。なりたい自分は今やるべきことの先にある。人は今しか生きることはできない。全力で今動くこと

経営者が偉い　んなわけない　あぐらかいた瞬間経営者は独りよがり

経営者になりたいなら　まず自分経営から始める

経営は真剣の闘い　正々堂々と真摯に　闘わなければならない

行動したら成功する　確率は１００％ではない　しかし行動しなければ　成功する確率は１００％ありえない

志の共有　それが会社　志のない会社は　道に詰まる

小銭持ちのおじさんほど　若者に自分の武勇伝を語りたがる　若者よほっとけ　自分の人生自分が主人公

コンサルの代表やってます、何だそれ。実態出せよ

【さ行】

最善の上にも　最善があることを忘れてはならない

幸せな人生は　どこにも落ちてない　自分自身の力で　創り上げていくもの　力を抜いて今日も笑顔で楽しく生きよう

仕事はこちらから追うもの　追われるものではない

「自責」「他責」　天と地の差がある

自分が日々吐く言葉が　人生を創る

自分がやりたくないから　ルールを上司は作りやすい　「ルール」は安全にみんなが愉しめるためにあるもの

自分で初めて買った車　大切に使うでしょ　自分で初めて買ったバッグ　大切に使うでしょ　自分に初めて与えられた人生　大切に生きないと

自分にとって居心地が良い場所では　きっとそれ以上の成長はできない

自分にはできない　自分はこのままでいい　その人だからできる　そう思ってる人は　毎日きっちり8時間労働で終わってる　残りの16時間が人生を創るのに

自分には不可能だろう　成功するのも不可能だろうと　何事もやるまでは　すべて不可能に感じるもの　それは成功者みんなが歩んだ道

自分の代わりに　誰かが生きてくれることはない

自分の人生変わってくれるのは　成長する自分だけ

自分の人生　誰にも邪魔させるな。

自分を変えるのは　誰かいるはず　いや、自分しかいない

地元から東京に出てきた時　着いた瞬間　楽しみより恐怖が　上回ったのを今でも覚えている　やるしかない環境に　自分を置くことは、変化せざるを得ないと同じこと

社員は会社次第というが　会社も社員次第　会社は全員で創るもの

社長より稼ぐ営業マンが　多くいる会社は潰れない

社内にプレゼンができないのに外でできるわけない。父ちゃん母ちゃんを口説けないのに銀行を口説けるはずない

習慣は才能を大きく超える

収入＝人間力

準備してる人間にしかチャンスは来ない

初任給や時給など　聞いたことも見たこともない　興味もなかった　この会社で結果を出したら　自分がどうなれるのか　そこにしか興味なかった

素直になる　それはまず、自分の心に　素直になろうと言い聞かせることから始まる

成功している人の側にいれば　自分も成功できるいや違う　成功者から学ぶことはもう世の中にたくさん発信されている　自分で切り開く　そんな人に人は人を繋いでくれる

成功の裏側には必ずプロセスがある。そして志を共有した仲間がいる

全員の前で部下を叱らない　それはただ、上司の自己満足

【た行】

代表取締役社長　肩書きなどすぐとれる　しかし責任を取る覚悟がない人は　この肩書きだけはお薦めしない

他責は自分の成長を止め　自責は自分の人間力を高める

建物を作るのは　一年かかる　壊すのは3日　信用も同じこと

楽しい時は笑う　ではなく、笑うから楽しくなる

チャンスは　常に人々の不満の中にある

「直感を信じる」　それくらいの経験と考えがあるならの話　行動しない人の直感は　ただの勘

次こそは　その気持ちと姿勢が　自分を成長させる
伝えるではなく、何が伝わったか。未来を魅せる
常に目の前にある　2枚の切符「楽」と「苦」
できないことで　いつまでも悩まない　出来ること
を　誰よりも、できる努力をする
でも、だけど　と言う癖には　成長も魅力もない
全て肯定からしか　良いものは生まれない
天職は嫌な事でも　諦めずに　やり続けた先にある
時に悩みがあったとしても　その答えは　物凄くシンプルなことが多い　複雑に考えたら　自ら道に迷う

【な行】

悩むよりも考える　そうしたいけどできない時もそりゃある　悩む時は悩んでもいい　でも自分で決めて動くときはポジティブに
なりたい自分に　なるためには「遅すぎる」はない
「なんとなく経営」でやってる人間に、自分の大事な社員だったりコネクションやルートだったりを繋ぐはずないじゃん

【は行】

バカな部下は一人もいない　バカな上司がいるだけ
白紙に自分の理想とする人間像を箇条書きに書き出したら　素晴らしい人間が出来上がるはず　それに少しずつ自分が意識しながら動こうと決める

初めて営業マンになった時　仕事がつらくて結果が出なくて泣いた夜もあった　でもその夜のことはいまも鮮明に覚えてる　あの日は今でも生き続ける一日だった

パーティーから事が始まることはない。ゼロイチはわざわざ自分から事を起こすことからしか生まれないから

「話し上手」　素晴らしい　「聞き上手」　もっと素晴らしい

人から嫌なことされたら　すぐ忘れる　人から良くしてもらったことは　一生覚えておく

人から頼まれて「喜んで」といえる人　頼まれ事が尽きない　そして頼まれるランクは　日々ステップアップする

人が発信することばかりに　目を向けすぎ　自分から出る言葉に　もっともっと熱くならなきゃ

一つ昔から心がけていたことは　自分が楽しむ　大切。人を楽しませる　もっと大切。　その結果　信頼できる人間達と会社を作ることができた

人にとっての幸せって　全然違う　だから人と比べず　自分の成幸を掴んでほしい　そんな思いで　自分の会社の「理念」にした

人は想いから始まり　言葉になり　行動する　それがその人の　人間力と比例する

人は人で傷付き　人は人に救われる

人を幸せにすることで自ずと人生が豊かになる

日々が本番。人生にリハーサルはない

日々、つまらない　楽しくない　そう思ってる人　この先が不安　そう思ってる人　大丈夫、俺もそんな日々は　死ぬほどある　一歩一歩が大切だから

暇はネガティブを生む　ネガティブな人は　そのネガティブさを　横に共有していく

部下は上司の写し鏡　きっと自分によく似た部下だろう

ふざけるの先に　あるのは後悔　楽しむの先に　あるのは未来

不満しか言わない人　転職したら楽しく働ける？普通に無理　不満しか言わない人は　どこ行っても同じ　それは自分の癖だから　それが不満なのか意見なのかで大きく違う

不満の先にあるのは絶望　意見の先にあるのは希望

平日はみんな頑張ってる　当たり前だから　休日はみんな休んでる　当たり前だから　本当に当たり前だろうか

褒めるのも叱るのも　真剣に　愛情がないものに人は心を傾けない

ほんとに必死で、死に物狂いで、命を懸けて誰かを守ってる、そういう人に、人は人を繋いでくれる

【ま行】

迷ったら、楽ではなく自分の心がワクワクする方へ

みんなと同じことをするのが学校　みんなと違うことを探すのが会社

昔たくさん迷惑かけた親に　ビッグになって心から恩返ししなければ。　その強い気持ちが　今の自分を創った

「昔の自分はこうだった」　こんなこと、　言わないようにする

昔の勉強など　俺は役に立ってない　経営者になって　初めて勉強を始めた　経営者になる前は　只々、

狂ったように　動いてた

昔、周りに流されて　みんなと居れば　遊びや、仕事がうまくいってる気がしていた　我に返った時今の自分に何が残ってるんだろうと　思う日は多かった　だから自分は起業した

目標立て計画で　満足してしまう　目標達成してひとつ息つく　次のステップは全然違う

モチベーションを親にするな　親はあくまでも己自身

【や行】

野球でも振らなければ　三振しかありえない　振ったら可能性はゼロではない　人生も一緒

役職？　んなことどうでもいい　全ては己の価値なにもしない役職者など　この国には腐るほどいる何も偉くも凄くもない

やりたい事がない？　うそつけ　自分の欲を　言い訳で必死に押さえつけてるだけ

やる気があるときにやるのは当たり前　やる気がない時の自分の行動を見返してみ　楽を探しまくってるから

夢を叶えるには　情熱、執念、志　必要なのはこれだけでいい

【わ行】

若い時は人といないと色々と置いてかれると思ったら怖く感じる時もあった　今は群れる事が一番怖い

大園 巧

Takumi Ozono

鹿児島県出身。ろくでもない少年時代を過ごしてきた少年が、コロナ真っ只中に店舗展開・事業拡大をし続け、売上前年比率500%という驚異的な企業成長を遂げ、数々の賞を受賞している5社を取りまとめるグループ会社NINE JAPAN代表取締役社長【通称ホスタク】に。幼少期から野球のキャプテン&エース、大学やプロ野球への道には振り向きもせず、「ビッグな男になる!」と公言し20歳の時に"車"で24時間かけて上京。アパレルショップ店員、太陽光発電関連会社の営業職を経て、不動産売買の営業職に転職。実質1年半で50億円以上を売り上げ、2016年に26歳で起業。現在はNINE JAPANとして美容業界を代表する企業へと成長し、この勢いは日本に留まることなく「NINEブランドを世界に」を合言葉に、近く台湾をはじめ、世界各国でフランチャイズ展開を始動する。

右にならうな

人生の主人公は君だ！――「成幸」の哲学

2023年12月12日初版発行

定価
1,540円（本体1,400円＋税10％）

著者
大園 巧［NINE JAPAN］

発行人
花上哲太郎

発行所
株式会社美容経済新聞社
https://bhn.jp/
〒105-6022
東京都港区虎ノ門4-3-1 城山トラストタワー 22F
Tel.03-6824-0955

印刷・製本
三共グラフィック株式会社

ブックデザイン
イワキマサシ

表紙写真
井上祥大

構成
筒井秀礼

Published by BIYO KEIZAI SHINBUN SHA CO.,LTD.
Printed in Japan